一体感のマネジメント

management for employee's self concept

人事異動のダイナミズム

林 祥平 [著]
HAYASHI Shohei

東京 白桃書房 神田

まえがき

　どの企業にもカラーがある．これは紛れもない事実である．それと同じように，毎年企業に入社してくる新入社員にもそれぞれ独自のカラーがある．しかし，10年，20年と同じ企業で勤め上げていくと，不思議と彼らは似てくる．彼ら自身，強く意識せずとも「その企業らしい」働き方や考え方を当たり前に身につけていくのである．なぜ彼らはこのような"企業人"に変容するのだろうか．この疑問に答えることを本書は1つの目的としている．恐らく，従業員自身は日々の仕事に励み，気がついたらその企業らしい考え方が身についていたという場合がほとんどだろう．しかしこれは，人材育成の結果であり，企業がそうなるように仕向けたのである．ではどのようにしたら企業人は育てられるのか．この点を，人材育成施策の中でも特に，人事異動の観点から明らかにしたい．

　この問題に取り組むアプローチとして，これまでの経営学の中では，組織文化研究や組織社会化研究が比較的よく知られているように思われる．本書はあえてこれらに依らず，組織アイデンティティ研究を中心に議論していく．それは，組織アイデンティティが他社との比較を通じてその企業のカラーを上手く表すことができる概念であるということが一番の理由に挙げられる．また，近年の研究では，組織アイデンティティが組織の戦略や評判にまで影響を与えることが分かっており，従来のアプローチと異なる視点に立つことによって，現実に対する新たな貢献が見込まれるということも理由に挙げられる．

　この組織アイデンティティを従業員1人ひとりが様々な仕事経験の中から感じ取り，そこに自分を重ねていく．その過程を組織的同一化と呼び，これが，本書が追いかける企業人への変容そのものである．ただし，従業員が企業のことをどのように思っているのか他人からは把握することが難しく，それ故に企業側からの管理，人事施策による従業員個人への影響についてはこれまであまり検討が重ねられてこなかった．中でも特に，人事異動は従来，従業員の能力を高めるためや出世のための手段として捉えられる傾向があっ

i

た．もちろん現実にそういった側面はあるが，本書の視点は，「どういった異動を経験すると従業員は能力を獲得してそれを上手く仕事で発揮するのか，そして組織の中核を担うことのできる人材に育っていくのか」という疑問について答えるものである．

　このように企業の視点と従業員の視点の双方から1つの答えを導き出すため，本書は質問紙調査とインタビュー調査を用いた．両手法にはそれぞれ特徴があり，殊に従業員の心理の問題を扱う点からは質問紙調査の必要性を，人事異動による影響という数字には表れてこない現実の複雑さを扱う点からはインタビュー調査の必要性を考え，本書は両手法を併用することにした．こうして現実を複眼的に検討することで，従業員が企業に一体感を覚えていくプロセス，そしてそのマネジメントを，より明らかなものにすることができると考えている．

2018 年初春　白金台にて

林　祥平

謝辞

この本を執筆するにあたり，平野光俊先生（神戸大学）をはじめ多くの方々のお世話になった．平野光俊先生には，私が神戸大学大学院で過ごした5年間，研究の考え方から，研究者としてのイロハ，殊に経営学者としての姿勢など，言葉では言いつくせないほど多くのことをご指導いただいた．そのために先生の貴重なお時間を割いてくださったことには感謝の言葉も見当たらない．

学部時代の恩師，後藤正幸先生（早稲田大学）からは研究の面白さを学んだ．後藤研究室で，統計学から現実を見る面白さ，論理的思考の重要性に触れていなければ，その後の進学先も違っていたかもしれない．学部卒業後進んだ一橋大学大学院では，守島基博先生（学習院大学）から経営学の面白さ，現実を紐解く難しさをご指導いただいた．

鈴木竜太先生（神戸大学）には問題の本質を見極める難しさ，深く考え抜く大切さを，松尾睦先生（北海道大学）には研究者として自分を律する姿勢を学んだ．このお2人には大学院当時からときに厳しくも大きな学びとなるご指導をいただき，そして現在もなお折に触れ温かい言葉をかけていただいている．

小泉大輔先生（大阪国際大学），余合淳先生（名古屋市立大学），小林英夫先生（多摩大学），横井豊彦先生（大阪産業大学），岸野早希先生（流通科学大学），西村知晃先生（星城大学），内田恭彦先生（山口大学），江夏幾多郎先生（名古屋大学）からは，平野ゼミでの議論から多くの気づきを得るきっかけをいただいた．また，平野ゼミMBAの横田大輔氏と福島知子氏からは，本書を執筆する上で多大なるご協力を得た．さらに，大学院の5年間を通じ，共に研鑽を積んできた貴島耕平氏（大阪商業済大学），坂間十和子氏（広島経済大学）からは，現在もなお良き友として刺激を貰っている．これらの方々に心より感謝したい．

また私の職場である明治学院大学経済学部の方々にも感謝申し上げたい．研究活動に対する理解と，そして惜しみない支援を与えてくださる環境が

あったからこそ，本書の出版が可能になった．実務家の皆様からも多くのご支援をいただいた．本書で扱った調査はどちらも大規模なもので，多くの方々のご協力があって実現した．日々仕事でお忙しい中，調査にご協力いただいたことに改めて感謝したい．

本書の出版にあたっては，白桃書房の平千枝子氏に大変お世話になった．遅筆な私を温かく見守ってくださっただけでなく，草稿へのご助言，出版校正を通じて多大なるご援助をいただいた．

最後に，両親へ感謝したい．私は研究者である父の背中を見て育ってきた．気がついた頃には研究者に憧れ，研究者を目指すことに違和感を覚えなかった．研究者という，やや特殊で安易に決めるべき世界でないことを熟知している父・伸二と母・美晴は，そんな私の意思を尊重し，応援してくれた．感謝してもしきれない．

これら多くの方々のご指導やご支援にもかかわらず，本書に誤謬があるとすれば，それは全て私の責任である．

なお，本書のベースとなった調査では日本学術振興会の科学研究費補助金（研究活動スタート支援：15H06664），本書の出版においては明治学院大学学術振興基金からの支援を受けた．

著　者

目　次

まえがき

謝辞

序章　本書のねらい —————————————— 1

1. 問題意識··· 1
2. 本書の課題·· 3
3. 本書の独自性 ·· 4
4. アイデンティティとは ······················· 5
5. 一体感とは ·· 7
6. 本書の構成·· 8
7. 想定する読者 ·· 9

第Ⅰ部　先行研究レビュー

第1章　組織的同一化研究の俯瞰 ———————————13

1. 同一化研究の基礎 ································· 14
   1-1　組織的同一化の定義 ··············· 14
   1-2　社会的アイデンティティアプローチ:
   　　　組織的同一化研究の説明原理 ··············· 16
2. 同一化研究の構造 ································· 17
   2-1　組織的同一化研究における視点の変化 ············· 18
   2-2　同一化の種類 ·························· 24
   2-3　組織アイデンティティとは ····· 27
3. 同一化の多重性 ···································· 37
   3-1　多重アイデンティティ ··········· 37
   3-2　多重アイデンティティと同一化の相互関係 ·········· 40
   3-3　アイデンティティの顕現性 ····· 45

v

4.　小括 ……………………………………………………………… 50

第2章　人事異動と組織的同一化 ───────────── 53

　　1.　人事異動研究の俯瞰 ……………………………………………… 53

　　　　1-1　異動経験と能力・技能形成との関係 ………………… 53

　　　　1-2　異動と心理変数との関係：

　　　　　　仕事モチベーションと組織コミットメント ……… 57

　　2.　人事異動の持つ可能性 ………………………………………… 60

　　　　2-1　異動経験と組織的同一化 …………………………… 60

　　　　2-2　異動経験と共有 ……………………………………… 67

　　3.　本書の課題の深化 ……………………………………………… 73

　　　　3-1　アイデンティティコンフリクト …………………… 73

　　　　3-2　顕現性の時間的問題 ………………………………… 76

　　　　3-3　企業の意図と組織アイデンティティ ……………… 77

　　　　3-4　アイデンティティ形成過程の相互作用 …………… 78

　　4.　小括 ……………………………………………………………… 79

第Ⅱ部　実証研究

第3章　人事異動と組織的同一化の探索的調査 ──────── 83

　　1.　消費生活協同組合・コープＡ …………………………………… 83

　　　　1-1　コープＡの概要 ……………………………………… 84

　　　　1-2　分析方法 ……………………………………………… 85

　　　　1-3　組織的同一化に影響を与えうる変数1：

　　　　　　連続異動と非連続異動 ……………………………… 90

　　　　1-4　組織的同一化に影響を与えうる変数2：職位………… 93

　　　　1-5　組織的同一化に影響を与えうる変数3：

　　　　　　異動回数と異動間隔 ………………………………… 94

　　　　1-6　コープＡの分析から見えてくるもの …………………… 98

2.　流通業界大手・B 社 ……………………………………………… 101

　　　　2-1　B 社の概要 …………………………………………… 102

　　　　2-2　分析方法 ……………………………………………… 102

　　　　2-3　予備的分析 …………………………………………… 104

　　　　2-4　異動と 3 つの同一化との関係 ……………………… 106

　　　　2-5　異動回数と異動間隔の関係 ………………………… 109

　　　　2-6　B 社の分析から見えてくるもの …………………… 112

　　3.　小括 ……………………………………………………………… 114

第4章　リサーチクエスチョンの設定と調査概要 ── 117

　　1.　リサーチクエスチョンの設定 ……………………………… 118

　　2.　調査概要 ………………………………………………………… 123

　　3.　コープ A の現状分析 ………………………………………… 124

　　　　3-1　コープ A の理念教育 ………………………………… 124

　　　　3-2　コープ A 内部における対立構造 …………………… 128

　　4.　小括 ……………………………………………………………… 132

第5章　コープ A の人事異動と組織アイデンティティ ── 133

　　1.　組織アイデンティティ構築と人事異動のパターン …… 133

　　2.　組織アイデンティティ構築の認知的プロセス ………… 141

　　3.　小括 ……………………………………………………………… 144

第6章　コープ A における組織的同一化 ── 147

　　1.　組織アイデンティティの変化と帰属意識・
　　　　同一化の関係 …………………………………………………… 147

　　2.　アイデンティティの顕現プロセス ………………………… 152

　　3.　アイデンティティコンフリクトとその解消 …………… 156

　　4.　小括 ……………………………………………………………… 158

第7章　定性的分析の結果から見えてくるもの ——— **161**

1. 記述的推論：コープ A における人事異動と
   組織アイデンティティ，組織的同一化の関係 ……… 161
2. 研究仮説：企業における人事異動と
   組織アイデンティティ，組織的同一化の関係 ……… 165

   2-1　組織アイデンティティの中核認識 ……………… 165

   2-2　職業的アイデンティティと組織アイデンティティの
   　　　相互関係 ………………………………………… 167

   2-3　経営理念と組織アイデンティティ ……………… 169

   2-4　連続異動・非連続異動と組織的同一化 ………… 170

   2-5　両価的同一化 …………………………………… 171

   2-6　アイデンティティの顕現性 …………………… 172

終章　一体感のマネジメント―戦略的人事異動への提言 ——— **177**

1. 本書の結論………………………………………………… 177

   1-1　組織的同一化に対する連続異動の効果 ………… 177

   1-2　人事異動が組織アイデンティティの
   　　　形成・顕現に与える影響 ……………………… 178

   1-3　組織アイデンティティの中核認識に対する
   　　　非連続異動の効果 …………………………… 179

   1-4　一体感醸成のマネジメント …………………… 180

2. 理論的含意……………………………………………… 181
3. 実践的含意……………………………………………… 186
4. 残された課題 ………………………………………… 190

参考文献
人名索引・事項索引

序章　本書のねらい

1. 問題意識

　本書は，企業内キャリアを通じて従業員がどのように組織アイデンティティを認識し，そこへ同一化していくのかを明らかにすることを目的とする．この組織的同一化とは，組織と従業員の心理的な繋がりを表す概念で，個人のアイデンティティに深く関わる．つまり，「私は何者なのか」という問いに対する自分なりの答えが個人的アイデンティティであり，その答えの中には企業人としての自分も含まれてくる．Schein（1980）によれば，こうした個人的アイデンティティの働きは，学生・求職者がどの企業を魅力的だと感じるのか，従業員が組織の中で何を目標に仕事に励むのかを左右する．そのため，企業人としての自分のあり方を捉える組織的同一化は，仕事生活の中で非常に重要な意味を持つと言える．

　現実の企業にとっても重要性が認められているからこそ，同一化という心理現象に研究者も長きにわたって注目してきた．経営学の歴史を紐解くと，Taylor（1911）は『科学的管理法』の中で，そして Barnard（1938）は『経営者の役割』の中でそれぞれ，同一化という言葉こそ使わずとも，経営者（リーダー）と従業員の一致に関する議論を繰り広げている．この企業・経営者と従業員の一致は，後に"組織的同一化"として，Simon（1947）によって理論的な力を与えられたと言われる．Simon は同一化を組織の意思決定を支配する価値指標であると考え，後に March とこの概念を『オーガニゼーションズ』（March & Simon, 1958）の中で定式化し，そのマルチレベルの性質，先行要因，結果について検討を重ね，それが今日の同一化研究の基礎をなしている．

　この流れは今なお絶えることなく，近年の学術雑誌でも度々特集が組まれてきた（例えば，*Academy of Management Review*, 2000; *Group Processes and Intergroup Relations*, 2001; *Journal of Organizational Behavior*, 2006）．

ただし、そこでの研究者の関心は、同一化に影響を与える要因、あるいは（後述の）社会的アイデンティティアプローチに依拠した心理的メカニズムに踏み込むものが主であり（Pratt, 2000）、マネジメントに十分焦点を当てられているとは言えないのが現状である。過去には Hall（1984）が戦略的人的資源開発の文脈で従業員のアイデンティティを育成対象に取り上げてはいるが、その後の研究にはあまり蓄積は見られない。その背景としては、人のアイデンティティが外からは見ることができず、一見すると企業にとって望ましい行動でも、それがアイデンティティに起因するものなのか、あるいは従業員が状況から打算的に判断して態度を偽ったもの（Barker, 1998）なのかの見分けがつかず、マネジメントが非常に難しいと判断されたからかもしれない。そのため、組織的同一化の研究が重ねられてはいるものの、その論理を現実の施策に十分落とし込めているかは疑わしい。

　企業と従業員の関係が強い絆で結ばれていた時代が過ぎ去って久しい。近年では、個々人が自分の望むキャリアを自ら描き、実現していく時代だと言われる。しかし、企業の立場からすれば、従業員が単一の企業で長く働き、そこで培った能力を企業の将来のために役立てる重要性は変わることなく存在する。そのため、多くの企業がワーク・ライフ・バランス施策に代表されるように働きやすい職場を模索したり、働きがいのある企業を作ろうと苦心したりしている。戦略策定に大きな影響を与える組織アイデンティティに従業員を同一化させ、企業として1つの方向に向かうことは、個人が自律的にキャリアを歩む時代だからこそ追いかけるべき問題だと思われる。

　さらに現実に目を向ければ、企業におけるダイバーシティマネジメントの重要性が自明のものとなっている近年、その多様性の矛先は男女比率の問題だけではなく、人種・国籍・言語と多岐にわたるようになってきた。組織的同一化は組織の均質化を推し進めるものだと言われることもしばしばあり、その点では時代と逆行しているようにも思えるかもしれない。しかし、企業とはメンバー間で共通目的を持っていることを前提とする集団であり、ダイバーシティマネジメントの大前提はまず企業としての体をなしていることである。言い換えれば、本来企業とは根底では同質的・均質的であるため、それを支えるものが同一化ということになる。したがって、組織的同一化とダ

イバーシティマネジメントは二律背反の関係にあるわけではなく，補完関係にあると考えるべきである．そのため，ダイバーシティマネジメントが重要であるなら，その前提としての組織的同一化の管理も同じく重要ということになる．

2. 本書の課題

このような問題意識の下で，本書は3つの課題を設定した．

既に述べたように，同一化はアイデンティティに関わる概念であり，時間をかけて徐々に変化していくものである．これは我々自身の経験から既に明らかなように，企業で働くようになってからも人は徐々にアイデンティティを発達させていく[1]．つまり，「あの研修を経験できたから今の私がある」といった個々の施策でアイデンティティの変化がはっきりと表れるとは考えにくく，そのため特定の施策による効果を検討することから好ましい結果は期待できない．むしろ，中長期的な時間の流れの中でアイデンティティの変化を捉える必要があり，様々な施策を経験の束として扱い，どのように経験を積ませていくかという視点で考えることが望ましいだろう．言い換えれば，経験の束で同一化の変化を捉えることによって，同一化のマネジメントの可能性を探ろうというのが本書の狙いである．そこで本書は，企業内キャリアに直接的に関わる施策である人事異動に着目し，異動経験による組織的同一化への影響を検討する．これが第1の課題「異動経験が組織的同一化に与える影響」である．

次いで，従業員は仕事をするときに自分の役割をどのように考えているのだろうか．この企業の一員だという意識だろうか，それとも職場の一員だろうか，はたまたプロフェッショナルとしての自分だろうか．これはそこまで単純な話ではなく，究極的には「何のために自分は今働いているのか」という問いかけに対する答えになる．人は思いのほか器用ではなく，複数の役割を同時に意識して行動することはできない．企業の中にはアイデンティティの一部を成す対象が複数存在し，その帰属意識が役割となり，様々な状況に

---

1) 実際に，これまでにもキャリア形成と個人のアイデンティティの関係性については論じられてきた（e.g., 岡本，1999）

合わせて選択される．この同一化の多重性の問題は，近年研究者の関心を集めているが（e.g., Foreman & Whetten, 2002），マネジメントの観点からすればやはり十分な検討が重ねられているとは言い難く，見過ごすことができない．企業としては従業員に，企業を意識して同じ方向を向いて仕事に励んでもらいたいと考えるだろう．それを実現するためには，従業員が仕事の際にどのように自分の役割を定義しているのか，そのメカニズムを明らかにする必要がある．これが第2の課題「職務経験から多重アイデンティティを形成・選択するメカニズム」である．

最後に，「私はこの企業の一員である」と全員が考えていたとしても，その"企業"の意味するところが同じだとは限らない．消費者や株主から見た企業と，従業員から見た企業が一致しないことがあるように，従業員間でもその認識の不一致は生じるはずである．特にグローバル企業のように地理的に幅が広い企業に勤めていると，企業観にも幅が生まれても不思議ではない．しかしそれでは，企業が従業員の同一化をマネジメントしたとしても，そこから引き出される行動が異なるベクトルを持つ可能性がある．そのため，まず企業や部門などの環境を従業員がどのように認識するのか，そのメカニズムを明らかにし，さらに認識のマネジメント方法を検討していく必要がある．これが第3の課題「アイデンティティの意味形成とそのマネジメント」である．

以上3つの課題に対して本書は，理論的検討と経験的調査を行っていく．なお本書は，仮説検証型の研究ではなく，仮説発見型の研究になる．それは，人材育成施策の視点からまだ十分な研究蓄積はなく，またキャリアという時間の流れの中でどのように従業員の企業観やアイデンティティが変容していくのかを説明できる理論的枠組みがないためである．そのため，先行研究を渉猟しながら大きな方向性を描き，そこに経験的調査を検討することで理論的仮説の構築を目指す．

3. 本書の独自性

ここで，これまでの同一化研究が取ってきた立場と，本書の立場の違いを明確にしておきたい．これまでマネジメントに対する研究が十分でなかった

と述べてきたが，厳密には，経営学における組織的同一化研究の黎明期には
マネジメントへ関心が寄せられたこともあった．特に Hall を中心とする研
究者らはキャリアと同一化の関係を繰り返し検討しており（Hall &
Schneider, 1972; Hall, Schneider, & Nygren, 1970; Schneider, Hall, &
Nygren, 1971），そこからはいくつものマネジメントの知見が得られている．

　しかし，Ashforth & Mael（1989）以降，経営学の組織的同一化研究が社
会心理学からの影響を強く受けるようになり，人の心理的メカニズムについ
て厳密性を求める方向に研究者の関心が移っていった．その結果，これまで
同一化という現象を比較的にブラックボックスで捉えてきたところに光を当
て，より認知過程を解明しようとする心理学的な研究が増えていった．

　心理的メカニズムが不明瞭な状態では，マネジメント施策が本当に効いて
いるのか，あるいは偶然の産物なのかが判断できない．つまり，仮にマネジ
メント施策が上手く結果を導き出したとしても，認知過程を十分検討してい
ない場合，あらゆる企業で応用可能な一般化した知見を導き出すことは難し
いからである．そのため，以前のように認知過程へのアプローチを軽視する
ことはできず，ある程度その基礎を成した上にマネジメントの可能性を探る
必要がある．その両者，すなわち認知過程とマネジメントの視点を併せ持つ
のが本書の独自性と言えよう[2]．

4．アイデンティティとは

　既に，個人的アイデンティティ（personal identity），社会的アイデンティ
ティ（social identity），組織アイデンティティ（organizational identity）と
いったいくつものアイデンティティの名前が出てきた．本書ではアイデン
ティティを中心概念に据える関係上，今後さらにアイデンティティの種類が
増えていく．混乱を避けるために，ここで簡単にアイデンティティとはどの
ような概念で，様々なアイデンティティは互いにどのような関係にあるのか
を概説する．

2）　すべての先行研究がこの2つの分類に含まれるわけではなく，例えば Ashforth（1998）や
　Pratt（2000）は中長期的な視点でマネジメントを試みている数少ない例だと言える．彼らの研
　究は同一化の認知過程の議論もしており，本書の立場と同じ3つ目の分類に含まれると考えられ
　る．

アイデンティティは，個人的アイデンティティと社会的アイデンティティに大別される．前者は自分が他人とどう違うのか，自分の特徴はどこにあるのかについて考え理解することである．一般的にアイデンティティという言葉が使われる際は，こちらの意味合いであることがほとんどであろう．一方，後者はある集団（カテゴリー）の一員として自分を認識することである．つまり，「私は日本人です」といった認識は社会的アイデンティティになる．当然，このとき日本人というカテゴリーに対する認識や評価といったものも含まれ，その一員であることに誇らしさや喜びなどの感情も併せて持つことになる．また例えば，社外の人と名刺交換をするとき，多少なりとも自社という組織について意識する瞬間があるだろう．このような組織の一員としての自分は社会的アイデンティティであり，"組織アイデンティティ"ということになる．社会的アイデンティティは他に性別や人種，宗教といったものも含みうる大きな概念であり，組織アイデンティティは数ある社会的アイデンティティのうちの1つとして位置づけられる．さらに組織アイデンティティの中には，営業部，人事部といった部門アイデンティティが含まれる．

　ここで改めて考えてみたい．今の説明をそのまま組織アイデンティティと定義してしまうと，先ほど述べた「どのように組織アイデンティティを認識し，そこへ同一化していくのか」という表現と噛み合わなくなる．詳しくは後で述べるが，もし企業に人格があったとしたら，そのアイデンティティとはどのようなものだろうか．そんな問いに答えるものが組織アイデンティティである．つまり，アイデンティティという言葉は必ずしも個人の枠に納まる概念ではなく，集団にも用いられる．原理的には個人目線でも組織目線でもどちらも組織アイデンティティは成立するが，通常"組織目線"のものを指す．そのため，例えば「うちの会社らしい考え方」は組織アイデンティティであり，それを個人が咀嚼し自分の一部のように受け入れることを組織的同一化と呼ぶことで，2つの意味を区別している．図0-1に見るように，組織アイデンティティだけ自己概念の枠に納まりきっていないのは，個人だけでは決められないという事情を反映させてのことである．

　繰り返しになるが，個人的アイデンティティは「私は男っぽい」「私は数学が苦手だ」といった個人の能力や特性に着目したものであり，集団と関連

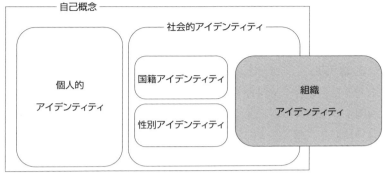

図 0-1. アイデンティティ概念の関係

づくものではない．しかし，常に私たちは"私"という意識の中に「自分の独自性」と「集団の中での自分」の2つを共存させている．この"私"という意識を自己概念（self-concept）と呼び，自分を定義するときに必要なあらゆる知識の総称を指す．この自己概念が仕事経験を通じて少しずつ彩り豊かになり，職務態度に変化をもたらしていく様を，本書全体を通じて論じていく．

5. 一体感とは

本書のタイトルは『一体感のマネジメント』であるが，追いかける概念は組織的同一化である．同一化という耳馴染みのない概念を分かりやすく伝えるために，しばしば一体感という言葉が用いられる．本書においても一体感は同一化の単なる言い換えなのか，あるいはそうではないのか，ここで少し論じておきたい．

第1章では組織的同一化の代表的な定義をいくつか紹介している．その中で Ashforth & Mael（1989）は「組織との一体感や帰属に対する認知」と説明しており，一体感は同一化に内包される関係にある．では，一体感とは何なのかと言うと，Ashforth らも一体感について詳しく触れているわけではない．本書ではあえて，一体感を同一化に含まれる概念として捉えるのではなく，似て非なる概念として位置づける．一体感は，これまであまり学術的に議論されることのなかった概念であり，そのため学術的根拠に基づくもの

ではなく，本書の課題を達成する目的から考える．一体感とは，例えば「職場全体で一体感を持てているから難局を乗り越えられた」といったような使い方をされ，とても前向きでポジティブな言葉である．

では組織的同一化とはどういった概念かと言うと，後で詳しく議論はするが，企業と自分自身を重ね合わせている心理状態，あるいはそうなるプロセスを説明するものである．多くの先行研究は従業員が企業に同一化することで企業の発展に貢献すると評価する一方，過剰に同一化することの問題について触れ警鐘を鳴らす研究もある．つまり，組織的同一化という概念は，一体感のように前向きでポジティブな側面だけのものとは言えない．

先の「2．本書の課題」でも触れたように，本書は従業員が企業や部門をどのように認識しているのかに関心を持つが，このことが同一化の特徴を表す．つまり，組織的同一化とは「私はこの企業の一員である」と心から信じている状態であるが，その企業の意味は自分の中で決まってしまう．言い換えれば，同一化とは極めて"個人的"な性格を持つとも言える．他方,「みんなはどうだか知らないが，私はこの会社に一体感を覚えている」と自分勝手に言うことはない．一体感は周囲と強く結びついている状況や，彼らと意思の疎通ができ認識を共有できている状況を前提とした言葉だと考えられる．言うなれば，一体感とは，組織的同一化に欠けている"集団"の視点を取り込んだものであるため，一体感を従業員に抱かせるマネジメントは，その過程で同一化の課題にも答えることになる．以上のことから，本書の掲げる3つの課題に答え，マネジメントしていくことが「一体感のマネジメント」になると考えている．

6．本書の構成

本書は，序章・終章を含め全9章，2部構成となっている．第Ⅰ部では，上記の問題意識の下，先行研究を渉猟している．その中で，第1章は組織的同一化研究に焦点を絞り，同一化とはそもそもどういった概念なのか，古典から近年にかけて研究がどのような変化を遂げてきたのかを明らかにしている．第2章では，人事異動研究を中心に検討し，環境の変化を引き起こす人事異動が，それを経験する従業員に対してどのような影響を及ぼしうるのか

について，人事異動と同一化の両分野を跨ぎながら検討をしている.

第Ⅱ部では，第Ⅰ部での理論的検討を基礎として，質問紙調査とインタビュー調査を通じて理論と現実の往復運動を行っている. つまり，第3章で質問紙調査を2社に行った結果を分析し，理論の妥当性を検証した. そこでは，上手く理論が説明できず，理論と現実のすり合わせをインタビュー調査に委ねることにした. その準備段階として，第4章で，リサーチクエスチョンを設定し，本書が何を明らかにしようとしているのか，その立ち位置を明確にした. 第5章と第6章で，そのリサーチクエスチョンに対しての答えを分析の中から見つけようとした. 第7章では，5章と6章で結局のところ何が分かって，一般化するとどのようなことが言えるのかを仮説という形で明示した. そして最後に終章で，結論と，この研究が理論的に，また実社会に対して，どのような貢献をするものなのかについて論じている.

7. 想定する読者

本書の議論および主張は，組織行動論と人的資源管理論の分野を繋ぐものである. そのため，本書の主たる読者層は，第1にそういった分野を研究する研究者が当てはまるだろう. とりわけ，組織アイデンティティ・組織的同一化といった組織行動論（あるいは組織論）に位置づけられるテーマに関心を持つ研究者や，人事異動・人材開発といった人的資源管理論のテーマに関心を持つ研究者に向けて書いたつもりである. また，近年の同一化研究は社会心理学からの影響を非常に強く受けており，本書のレビューでもその影響の度合いは色濃く見ることができる. したがって，社会心理学，中でも組織に関心を持つ研究者にも手に取ってもらいたい.

本書は経営学の視点で書かれている. 経営学は実学とも言われ，現実なくして語ることのできない学問である. そのため，実務にも十分活きる知見を盛り込んだつもりである. このことから，実務家（特に人事担当者や経営者）に本書を手にとってもらうことで，これまでの仕事の正しさ，そしてそこにある意味を伝えることができると思っている. 実学を専門にする筆者にとって，研究者だけでなく実務家にも本書を手に取ってもらえることは，これ以上ない喜びである. そして本書を通じて，何気ない日常の仕事に自信を，

そして当たり前の日常の裏側に存在する理由に触れてもらえれば，望外の喜びである．

第Ⅰ部

先行研究レビュー

第1章　組織的同一化研究の俯瞰

　同一化は，S. Freud が生み出してから 100 年以上の歴史がある研究である．経営学においては企業に対象が絞られ，組織的同一化（organizational identification）として語られるようになってから数えても，既に半世紀が経つ．その過程で，当初は統一性のなかった組織的同一化研究に社会心理学から社会的アイデンティティ理論（social identity theory：Tajfel & Turner, 1979）が持ち込まれ，それによって研究は大きな変化を遂げた．この変化により，マネジメントに対する従来の関心は薄れることになるが，一方で，心理的メカニズムに関する緻密な論理の積み重ねがなされたからこそ気づく現実への新たな問題点も明らかになってきた．本書の取り上げる課題も，このような研究蓄積の上に明らかになった疑問と言える．

　ある意味で「木を見て森を見ず」と言えてしまうような現状の組織的同一化研究を，そこに至るまでの初期の研究までも含めて俯瞰することで，従業員のキャリアと同一化の関係性についての示唆を得ることができるだろう．第1章ではまず，本書での組織的同一化の捉え方や説明原理について先行研究に沿って概観する．そして，複雑化の一途を辿る同一化研究をあえて単純化し，同一化の対象を1つに絞った研究をレビューし，その後その対比として対象を複数に，つまり同一化の多重性に視点を広げて，その背後にある問題点を探っていきたい．

　なお，本書で言う“組織”とは基本的に企業を指す．経営学の議論に則ると，部署も職場も条件さえ満たせば組織と呼べてしまうが，従来の研究の語法に倣い，あえて組織的同一化という言葉を変えずに用いていきたい．また，研究によっては，企業（営利組織）ではなく，警察や公的組織や非営利組織といった組織体を扱うものもあるが，営利・非営利の両者には「部署や部門などを包み込むように作られる上位カテゴリー」として組織という言葉を用いているという共通点がある．そこで，例外的に非営利組織を指す場合には，

14　第Ⅰ部　先行研究レビュー

その都度それを明記することで混乱を避けるようにしたい.

1. 同一化研究の基礎

　本書で扱う同一化の研究には, 幅と深さという点で広がりがある. つまり, 組織的同一化研究自体に歴史があり, 様々な観点から研究がなされてきた上に, 近年は企業以外の対象への同一化についても研究が蓄積されてきた. 広範な議論を検討していく前にまず, 本書の軸とも呼べる, 組織的同一化の定義と, 基礎理論である社会的アイデンティティアプローチから入ることにする.

1-1　組織的同一化の定義

　組織的同一化の捉え方は研究者によって様々である (表 1-1). その捉え方は, 認知的側面と情緒的側面に大きく分けることができる. まず, 「私はこの企業の一員だ」と当たり前に受け入れている状態や, 企業の問題を自分事のように考えられる状態を認知的側面と言う. 要は, 自分と企業の心理的距離を認識し, 両者を重ねていくことである. 一方, その企業に対する愛着や忠誠といった感情を抱く状態を情緒的側面と呼んでいる. どちらも企業にとっては重要であるため, 両者を満たしている状態が組織的同一化として望ましいと主張する立場の研究者もいる (e.g., Harquail, 1998; Johnson, Morgeson, & Hekman, 2012).

　従業員が企業に同一化してくると, 徐々に企業のことを誇らしく思えてきたり, 好きになってきたりする. そして, 企業が好きだからこそ, もっと企業で頑張りたいという気持ちになり, 企業に染まっていく. このように認知と情緒は相互に影響し合う関係にあるが (Ashforth, Harrison, & Corley, 2008), 元を辿れば企業を受け入れているという認識が先行すると考えられている (Edwards, 2005). とりわけ, 本書の関心であるマネジメントの視点から述べると, 企業に愛着を抱かせたり満足させたりする情緒的側面のマネジメントは, 同一化に限らずとも例えば組織コミットメントやロイヤルティの研究からも多くの知見が得られる. しかし, 認知的側面については援用できる議論があまりなく, そのマネジメントの知見が求められている. そ

第1章 組織的同一化研究の俯瞰　**15**

表 1-1　組織的同一化の概念定義

論文	定義
Brown (1969)	個人と組織が特別な関係にあるという自己定義
Hall, Schneider, & Nygren (1970)	組織目標と個人の目標が徐々に統合されていく，もしくは一致するプロセス
Ashforth & Mael (1989) van Dick (2001)	組織との一体感や帰属に対する認知
Dutton, Dukerich, & Harquail (1994)	知覚される組織アイデンティティの属性と同じものを個人の自己概念が含むプロセス
Rousseau (1998)	個人が組織成員であるという知覚を自己定義と統合する過程
Pratt (1998)	自分の所属する組織についての信念が自己言及的ないしは自己定義的になるプロセス
Johnson & Morgeson (2005)	自分を社会的対象に基づいて定義づける程度についての考えや信念

のため本書では，組織的同一化を認知的側面から定義する．

　またこのことは，理論的な観点からも言える．個人と企業の間の心理的な繋がりを説明する概念という共通の特徴を持つために，組織的同一化はしばしば組織コミットメントと弁別が図られてきた[1]．所属企業に対する愛着や誇りという情緒については，両概念の間で区別できず，組織的同一化独自の主張は，認知的側面にあると考えられている（e.g., Ellemers, Kortekaas, & Ouwerkerk, 1999; van Dick, 2001）．そのため，本書で組織的同一化を情緒まで含んで議論してしまうことによって組織コミットメントとの違いが曖昧になる恐れがある．よって，このように理論的な観点からも，本書は同一化を認知的側面から定義したい．

　以上より，様々ある定義の中から本書では組織的同一化を「知覚される組織アイデンティティの属性と同じものを個人の自己概念[2]が含むプロセス」（Dutton, Dukerich, & Harquail, 1994）と捉える．この定義を採用する理由には次の2つがある．まず，①同一化の対象が組織アイデンティティである

---

1)　Gautam, van Dick, & Wagner (2004), Meyer, Becker, & van Dick (2006), van Knippenberg & Sleebos (2006) などが詳しい．
2)　自己概念とは「自分自身に関する知識や信念」(池田・唐沢・工藤・村本, 2010) である．

16　第 I 部　先行研究レビュー

ことが明確に示されている点である．例えば，Ashforth & Mael（1989）は
「組織との一体感や帰属に対する認知」と定義しており，同一化とはどう
いった状態なのかは理解できるが，企業の何を対象にしているのかが把握で
きない．次に，②同一化が自己概念に焦点を当てる研究なのに対して，コ
ミットメントは社会的交換に焦点を当てる研究であり（cf. 高尾，2013），自
己概念を定義に用いることによって同一化研究の特徴を明確に示すことがで
きる点である．これら 2 つの点から，Dutton et al.（1994）の定義は本書に
とって望ましいと考える．

1-2　社会的アイデンティティアプローチ：組織的同一化研究の説明原理

　社会的アイデンティティ理論と自己カテゴリー化理論を合わせて社会的ア
イデンティティアプローチと呼び（Haslam & Platow, 2001; Haslam & van
Dick, 2010），この研究群が近年の組織的同一化研究の中心的な説明原理を
担っている．したがって，組織的同一化研究を俯瞰する上で当理論を避けて
は通れないため，以下で簡単に見ておきたい．

　人はあらゆる状況で自らを何らかの基準によって集団に当てはめ，自分の
集団（内集団[3]）とそれ以外の集団（外集団）に分類する．一度自分の中で
内集団と外集団が認識されると，その分類に従って"仲間"（内集団メン
バー）には協力的な行動を取ったり好意的な評価をしたりするようになり，
一方で外集団メンバーには非協力的・敵対的な態度を取るようになる．これ
を内集団バイアスと呼び，どうしてこのような集団間差別とも呼べる行動を
取ってしまうのかを説明する理論を社会的アイデンティティ理論と呼ぶ（坂
田・淵上，2008; Turner, 1999）．内集団と外集団に対するこのような顕著な
行動の違いは，仮に見ず知らずの人を無作為に集めてきて，当人の意識とは
無関係にグループ分けを行うだけでも生じることが知られており（最小条件
集団パラダイム：Tajfel, 1970, 1982; Tajfel et al., 1971），このことから，集
団形成の必要条件として何らかのカテゴリーを共有しているという認知が求
められていると言える．

---

3)　より正確には，内集団とは自分と同じ社会的カテゴリーによって定義づけされる人たちの集ま
　りを指す．

社会的アイデンティティ理論は集団間行動を説明する研究だが，ではどうしたらその内集団は作られるのだろうか．この当然の疑問に答える研究が自己カテゴリー化理論である（Turner et al., 1987）．つまり，この理論は同じ社会的カテゴリー（例えば，国籍・大学・企業など）によって定義される人々の集まりに自分を位置づけるメカニズムを説明する理論と言われる（柿本, 1997）．

例えば，海外旅行に行き，言葉が通じない街でひとり散策していたとする．そんなときは自分と周囲を国籍のレンズを通して見て"日本人"と"外国人"というカテゴリー分けをしたり，人種の観点から"黄色人種"と"それ以外（白人や黒人）"といった区別をするだろう．このカテゴリー化を我々は無意識に行い，その中に自分を当てはめて考える．こうして内集団が出来上がるわけだが，我々が常に自分の国籍や性別を意識して行動しているわけではないように，状況に応じて自分のカテゴリーを使い分ける．海外にいても男性が女性ばかりの空間に入ると，自分を国籍で意識するのではなく，自分が男性であることを強く意識するような状況がその一例であろう．ここでは，自分のカテゴリーを意識して行動することを顕現性（salience）と呼ぶ．すなわち，企業が従業員に「我が社らしい」働きぶりを求める場合，組織アイデンティティを顕現させたいということになる．

以上のように，社会的アイデンティティ理論と自己カテゴリー化理論は極めて幅広い事象を説明する理論であり，その応用の一例として組織的同一化研究がある．よって，社会的アイデンティティアプローチは本書にとっても有用な視点であり，この議論を土台にして「従業員が企業に染まるプロセス」と「企業のために働くプロセス」を考えていきたい．

2. 同一化研究の構造

組織的同一化研究は非常に研究蓄積の多い分野のため，その流れを一緒くたに扱うと，議論が煩雑になる恐れがある．そのため，本書では便宜的に「古典的研究」と「近年の研究」という分類の仕方をする．古典的研究は，March & Simon（1958）から Ashforth & Mael（1989）まで，言い換えるなら組織的同一化研究に社会的アイデンティティアプローチが取り入れられ

るまでの研究を指し，それ以降の研究と分けて考える．

以下ではまず，組織的同一化に影響を与える要因（規定因）としてどのようなものがこれまで研究により明らかにされてきたのか，この点について，古典的研究から近年の研究に至る流れを追いながら明らかにしていく．

第2に，組織的同一化とは企業と個人の心理的距離を縮めていくプロセスを指すが，逆に心理的距離を離していくプロセスも同一化の文脈で語られる．このように心理的関係の持ち方は一様ではなく，その多様性について着目する．第3に，組織的同一化の対象は組織アイデンティティであるが，組織アイデンティティとはそもそもどういったものなのかを明らかにする．では，これらを1つずつ議論していきたい．

2-1 組織的同一化研究における視点の変化

2-1-1 古典的研究

古典的研究で繰り返し議論されてきたのが勤続年数による影響であった．長年1つの企業に勤め上げれば徐々に同一化していくというのは直感的にも理解できるが，どうして時間が同一化を後押ししてくれるのかは上手い理由が見つからない．この問題について March & Simon（1958）をはじめとする多くの研究者が検討を重ねてきたが，基本的に時間が重要だとは誰も考えておらず，勤続年数の中で積む職務経験が重要だと考えている．

例えば，職務の中での同僚とのやり取りやコミュニケーションは，従業員間での価値観や期待の共有に役立ち，そういった相互作用が頻繁に行われる企業に居心地の良さを感じるために，人は同一化しやすくなる（Tompkins & Cheney, 1985）．また，長年働いていると，このままこの企業で働き続けるのか転職するのかといったキャリアに関する選択機会も増え，さらには職務の取り組み方においても自分で決めて進めていく機会が増えていく．この自己決定・自己選択の経験は企業と自己の結びつきを自覚させることにもなり，企業に同一化させると考えられる（March & Simon, 1958）．あるいは，働きぶりが評価されて昇進の機会に恵まれることもあるだろう．昇進によって職務の責任が重くなる分，やり甲斐を感じる機会も増えていく．やり甲斐が高まれば，従業員はますます職務に没頭するようになり，困難な職務目標

にもコミットするようになる．そして，その職務目標を達成できると，大きな成功の感覚を味わうことになり，結果として自分自身を高く評価する，つまり自尊心が高まり，その場にもっと居続けたいという気持ちが強くなって，そういった一連の経験が同一化に結びつく（Schneider et al., 1971）．特に，「この仕事だから自分は成功できた」「この会社だからこんな仕事を経験できた」という感覚になるほど，従業員は自己イメージと企業とを結びつけるようになる．そうすることで，彼らは評価される職務やキャリアに自分自身を投資するようになり，同一化していく．

　今述べたように多くの古典的研究は企業での様々な経験の代理変数として勤続年数を用いた議論を繰り返してきた．しかし，当然だが例外を主張する研究もある．Brown（1969）は勤続年数と同一化の間で有意な関係を見出さなかった．つまり，職務経験が同一化に繋がらないという結果を示した．このことについて Hall & Schneider（1972）はこう考察する．企業に採用されやすい人がいるように，特定の企業や職務に同一化しやすい人もいて，そういったタイプと人の特徴の組合せが悪い場合，経験を長年積んでも上手く企業と同一化しないという結果もありうる．

　Hall らの一連の研究は，上記の例外に対する考察を基に，職務の特徴と同一化の関係性について見ている（Hall & Schneider, 1972）．まず，米国林野局で働く林務官を対象に調査を行い，職務を通じて高次欲求（尊厳・自律・自己実現）が多く満たされている人ほど組織に同一化できていることを明らかにした（Hall et al., 1970）．彼らは林務官という職務が高次欲求を満たすことで同一化に結び付いただけであって，逆に低次欲求を満たすことで同一化に結びつく職務もあるはずだと考えた．その仮説は，ローマカトリック教会の聖職者と R&D 研究所の研究者を対象とした追加調査を林務官の結果と比較することで検証されている．

　この3つの職務（職業）はそれぞれ異なる特徴を持つ．聖職者と林務官のキャリアは基本的に単一組織内で形成されるのに対し，研究者のキャリアは複数の組織を跨いで形成される．さらに研究者は関心の高い新しいプロジェクトを求めて頻繁に組織を移る．研究者のような職務に就く人たちは，職務にやり甲斐を感じることで組織に同一化するようだ．この傾向は，研究者，

20　第 I 部　先行研究レビュー

林務官，聖職者の順に強い傾向が見られた．さらに，林務官と聖職者は欲求充足が同一化にとって重要な要因だったが，研究者の場合，むしろ高次欲求を満たすことで組織的同一化の程度を下げることが分かった．こうしたことから，職務の特徴によって組織的同一化を促す要因が異なるようである．

Cheney（1983）はより具体的に，職位・職種の特徴から組織的同一化の変化を見ている．まず，経営層を含む管理職以上の人たちは総じて高い同一化の程度を示し，とりわけ経営層は全体の 7 割以上が同一化の高い値を示していた．一方，専門職・事務職・技術職などを含む非管理職の人たちは全体的に中程度の同一化が多く見られた．職位だけでなく職種にも目を向けると，管理部門は約 7 割が高い同一化の値を示す一方で，経営情報システム部門は逆に 7 割が低い同一化の値を示していた．技術部門は中程度が 5 割，営業・マーケティング部門は高いグループと中程度のグループがそれぞれ 4 割ほどを占めていた．これらの結果は，先ほどの Hall らの研究とも合致し，例えば経営層の組織的同一化が非常に高いレベルで推移していた結果については，職務のやり甲斐が高いためだと Cheney は考察している．

以上のように古典的研究では，職務経験の与え方で従業員を企業に同一化させることができるというマネジメントの視点を追求してきたということが読み取れる．その一方で，どうしてやり甲斐が同一化に寄与するのか，欲求充足は重要なのかといった踏み込んだレベルでの説明はなかった．言い換えれば，そもそも同一化とはどのようなメカニズムで成立するのかという理解が欠けていた．それを補う視点が社会的アイデンティティアプローチであり，次に，それを取り込んだ近年の研究群を俯瞰しながら説明したい．

2-1-2　近年の研究の潮流

社会的アイデンティティアプローチによれば，取り立てて何が必要というわけでもなく，状況を認識して人は内集団を形成し，自己を定義しようとする．この心理的なメカニズムを軸に置いたとき，どのような要因が人の心を刺激し，そして行動を引き起こさせるのかを考えれば，これまでの研究とは違ったものが見えてくるだろうと Ashforth & Mael（1989）は考えた．

外部環境と組織的同一化の関係性を論じるとき，彼らは社会的比較をキー

概念にした．社会的比較とは自己と他者の比較を総称する概念であり（Festinger, 1954），そこには我が社と他社といった集団レベルの比較も含まれる．自己と他者の比較をするからこそ内集団と外集団が形成される．特に従業員が企業と同一化するためには，企業の特徴が認識されていないといけない．その特徴は，他企業と比較をすることで浮き彫りになる．例えば，所属企業が社会的名声を得ていた場合，自分がその企業の一員だと強く思うことであたかも自分が名声を得たような感覚に陥るので人は企業と自己を重ねようとする．

　社会的比較は集団形成の基礎であるが，企業に同一化する上では特に社会的カテゴリー化と自己高揚動機が重要な働きをする（Pratt, 1998）．ここでは，周囲と自分の同異点を認識し，内集団や外集団を作ることを社会的カテゴリー化と呼んでいる．自己高揚動機とは，自尊心を高めたい，自分で自分を高く評価したいという気持ちのことを呼ぶ．したがって，先ほど述べた社会的名声を有する所属企業に同一化していくプロセスはまさに自己高揚動機が裏側で働いていると考えられる．この2つの視点はどういう状況で人が企業に同一化しやすいのかということを示してくれる．

　まず第1に，社会的カテゴリー化から見えてくる要因としては次のものが挙げられている．①所属企業に関する特徴を理解していて，②その比較対象たる他企業も目立った特徴を持ち，③社内に対立関係があまり生じていないとき，人は企業に同一化しやすい．この3つの条件は，必ずしもすべて満たす必要はなく，それぞれが社会的比較をしやすくするというものである．例えば，所属企業の特徴がはっきりしていれば他企業との比較が容易になり，逆に他企業が目立っていればそれを比較対象にして所属企業のことを考えやすくなる．また，社外との比較をするには，社内に意識を向けずにすむ状態が前提になる．社内で揉め事が生じていると，味方と敵という社会的カテゴリー化が社内に発生してしまい，社外に意識が向かなくなってしまうからである．

　しかし，周囲との比較の結果，所属企業が救いようのない企業だという烙印を押されてしまっては同一化させることは難しい．そのため，第2の自己高揚動機が関係する要因として，①所属企業が社会から評価されている（名

声），もしくは②所属企業のことを自分が好意的に評価している（魅力），③
同一化すると自己評価（自尊心）が高まる気がする，という3つが挙げられ
る．すなわち，高い評価を獲得している企業に同一化することによって，あ
たかも自分がその評価を受けている感覚になるため，そうなりたくて所属企
業の方に心が動く．または，企業が高い評価を獲得していなかったとしても，
その特徴を自分が備えることによって自己評価が高まると思うことができれ
ば同一化しようと動機づけられると言うのだ．以上の大きく2つに分類され
る要因は，これまで多くの研究で支持されてきたため，ある程度信頼のおけ
る主張だと言える（e.g., Ashforth & Mael, 1989; Carmeli, 2005; Carmeli,
Gilat, & Weisberg, 2006; Dutton et al., 1994; George & Chattopadhyay, 2005;
Mael & Ashforth, 1992; Smidts, Pruyn, & van Riel, 2001）．

　組織的同一化が外部評価の影響を強く受けることは分かったが，評価は
様々な理由で変化しうる．もし仮に所属企業が社会から批判を浴びるような
事態になった場合，従業員はどう反応するのだろうか．どのような状況下に
おいても人は自尊心を守ろうと行動する．そのため，例えばメディアから
「この会社は長時間労働を従業員に課している」とバッシングされた場合で
も，そうした社会的評価の低下を直接的に従業員が受けるわけではなく，
「それでも我が社は，良い製品を作り，社会に貢献している」と所属企業の
優れた特徴に視点を移すことによって，同一化している自らの評価を下げま
いと抵抗することが知られている（Elsbach & Kramer, 1996）．企業の評価
を下げる要因は社外だけではなく，社内に現れることもある．例えば，
M&Aをした場合，買収した企業の組織文化や労働慣行は所属企業のものと
類似しているとは限らない．よって，異なる考え方や働き方に染まった従業
員が同僚として入ってくることで，それまで所属企業で大事にしてきた考え
方や働き方が修正される恐れがある．このような脅威を持ち込む，ある種の
“逸脱者”に対して，「こいつらはよそ者だ」と心理的に遠くに追いやること
によって，自分たちの組織アイデンティティを守ろうとする．この傾向は，
企業に強く同一化している程，はっきりと表れると言われる（Doosje, Elle-
mers, & Spears, 1995; Marques & Yzerbyt, 1988; Marques, Yzerbyt, &
Leyens, 1988; 大石・吉田，2001）．

以上から，社会的アイデンティティアプローチを基礎にして組織的同一化を捉えることによって，古典的研究に反することなく，従業員の態度変化を細かに見ることができるようになった．

この近年の研究には，古典的研究にはなかった成果も確認されている．それは，企業に同一化することによって生じる，企業ないしは個人にもたらされる負の効果に関する研究である（Dukerich, Kramer, & Parks, 1998）．例えば，企業に過剰に同一化することによって，人は現状の企業を強く肯定しようとする．その結果，企業環境を変えるような創造的な働き方や革新的なアイデアを生み出さなくなってしまったり（Dukerich et al., 1998），現在の企業を守りたいがために不正行為を働いてしまったりすることさえある（Vardi & Wiener, 1996）．あるいは，組織的同一化によって，集団凝集性が高まることが知られている．言い換えると，企業に同一化するにつれて今後もその企業との繋がりを持ち続けたいとか，現在の企業が上手くまとまっていると肯定的な認識を持つことが分かっている．こうした集団凝集性の高まりは，グループシンクを生じさせることが予想され（Hogg & Hains, 1998），そうした誤った集団の意思決定が環境適応やイノベーションを阻害すると考えられている（Verganti, 2011）．

このように組織的同一化による企業に対する悪影響の可能性や，従業員を企業に同一化させるためのコストなどを勘定に入れると，そもそも従業員全員を強く同一化させることが企業にとって望ましいこととは限らないという主張さえあり（Gossett, 2002），従業員を企業に同一化させることが素晴らしいと考えられてきた古典的研究とはこの点で大きな隔たりがある．とは言え，今なお組織的同一化研究が議論され続けているところを見ると，負の側面はあるものの，組織現象にとって重要性を損なうほどのものではないと判断できる．そう考えることによって，古典的研究でのマネジメントの視点を議論する意義が息を吹き返す．負の側面を考慮に入れて，コストを払う価値のある従業員とそうでない従業員を何らかの軸で判断し，マネジメントを使い分けるというのも現実にはあって良いのかも知れない．そういった提言をするためにもやはり，同一化のマネジメントの議論は続けていく必要がある．

2-2 同一化の種類

これまで論じてきたのは「企業と自己の距離感を詰めていく」というベクトルの同一化についてであった．しかし，同一化のメカニズムが明らかになるにつれて，企業と自己の距離の測り方も多様性を増してきた．多様化の種類もまた多様ではあるが，Rousseau（1998）は同一化を時間と安定性という観点から2つに分類している．まず，彼女が状況的同一化（situated identification）と名づけた態度は，環境からの些細な刺激によって揺れ動く，企業に対する表面的な同一化であり，それ故に不安定で持続性に乏しい特徴を持つ．第一志望の企業に内定をもらった大学生が，嬉しさのあまりその企業のことを大好きだと思うのはこの一例だろう．他方，そんな簡単な状況の変化や，あるいは時間・役割の変化にも動じない企業との安定した繋がりの捉え方を深層構造同一化（deep structure identification）と呼んでいる．Rousseau は，同一化が表層から深層構造に向かって段階的に発達していくと考えており，質的に変化していく概念だということを示唆している．

また，Brewer & Gardner（1996）によれば，自己概念には個人・関係・集団の3次元が存在し，このそれぞれが同一化に対応している．この3次元の移り変わりもやはり段階的に行われていく．「上司の考え方に強く影響を受けている」というのは個人レベルの同一化になり，「良い部下として頑張る」というのが関係レベルになる．この関係レベルを Sluss & Ashforth（2007，2008）は関係的同一化と呼んでおり，「役割関係の観点から自分を定義する程度」として定義している．つまり，上司―部下（あるいは先輩―後輩，同僚―同僚）関係において自分の役割[4]を意識し，自己定義することを指す．そしてこの関係は互いに企業の一員だから成立するわけであり，企業を意識するきっかけにもなる．

Rousseau と Sluss らはこれまでと同じように同一化を企業と個人の距離を縮めるベクトルで議論していたが，それとは逆のベクトルで企業から離れていく同一化が脱同一化（disidentification：Kreiner & Ashforth, 2004）で

---

4) 役割という概念が多義的であり，ここでは「客観的な地位」としての役割（Ashforth, 2001）とは異なる捉え方をし，「集団内である地位を占める人が取るべき行動として周囲から期待されるものの集積」（池田他，2010）という主観的要素を取り入れた定義を用いる．

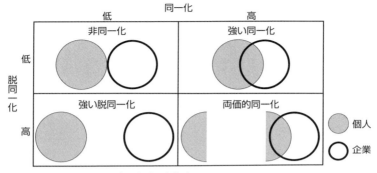

出所：Kreiner & Ashforth（2004）を一部修正

図 1-1　同一化拡張モデル

ある．この概念が登場して以降，追随するように次の2つの概念も提唱された．それは非同一化（deidentification）と両価的同一化（ambivalent identification）である（Ashforth, 1998; Pratt, 1998）．これら4つの同一化は，図1-1に示すような関係でそれぞれ区別されてきた．

組織的同一化とはベクトルが逆行する脱同一化に焦点を当ててみると，企業と自己を切り分けて捉えようとすることからも想像がつくように，企業を公に批判したり，反企業的態度を取るようになると考えられている（Elsbach & Bhattacharya, 2001）．脱同一化が生じることによって所属企業にとってデメリットとも思える行動を取るが，上述の組織的同一化研究で見られた同一化による負の効果を解消・緩和させることも確認されている．例えば，脱同一化が進むことによって，社内の不正に対しての内部告発，企業のためを思っての異議申し立て，さらにはイノベーションを促進させることも予想される（Kreiner & Ashforth, 2004）．これらは，企業との距離をあえて離すことで見えてくるものがある，その結果だとも言える．ただし，企業から離れようとする態度は離職意思にも表れる．この問題は実務上看過することが難しい．なぜなら，労働市場や転職先の雇用条件の問題から離職意思が高いにもかかわらず働き続けるという従業員が出てきた場合に，企業は彼らのマネジメントが非常に困難になるからである（Kreiner & Ashforth, 2004）．だが，脱同一化の矛先を所属企業ではなく競合他社に向けることができれば話は大

きく変わってくる．つまり，競合相手について公に批判したり，反企業的態度を取ることは，所属企業の良さを引き立たせることにも繋がり，組織的同一化を助けることも考えられる．

脱同一化は組織的同一化とあたかもトレードオフであるかのように考えられる節もあるが，普段「会社のことが好きだけど嫌い」「会社のやり方に強く賛同することもあれば，違和感を覚えることもある」といった相反する態度を，従業員が所属企業に示すことも珍しくないだろう．これを両価的同一化と呼ぶが，この状態であれば同一化と脱同一化の特徴を兼ね備えているため，トレードオフにはならず，企業にとって望ましい態度とも言える．実際，脱同一化が引き起こす内部告発や創造性向上は，両価的同一化でも同様に主張されている（Dukerich et al., 1998）．

図1-1に示すポートフォリオでは，同一化と脱同一化の両方が高いときに両価的同一化は生じると示されているが，Ashforth（2001）は，これは日常的に生じる身近な態度であると述べている．その根拠として彼は，①板挟みにあう経験，②欲張ってしまう経験，③危機的な状況に追い込まれる経験，という誰しもが経験しうる要因を挙げている．第1に，「父親として家族サービスをしなくちゃいけないとは思うが，仕事にも手は抜けない」といった役割アイデンティティ[5]間でのコンフリクトや，「会社と部門，どちらの利益を優先すべきか」といった多重アイデンティティ間のコンフリクトを経験することで両価的同一化に陥るのが①である．第2に，「プライベートも大事にしたいけど，仕事ももっと頑張りたい」といった本来ゼロサム関係にあるどちらも譲ろうとしない場合に陥るのが②である．最後に，「転職をしたら今までの経験がすべて否定されてしまった」と自己の喪失に恐怖することや，「勤めている会社が不正会計をした」など社会的不名誉を経験するのが③であり，このように身近なところで両価的同一化に陥る可能性がある．

そもそも，これまでの経営学における両価性の議論も心理学のそれに比べると曖昧さを多く残すものであり（e.g., Fong & Tiedens, 2002; Pratt &

---

5) Ashforth（2001）は役割アイデンティティを「役割に基づく自己定義」と定義し，様々な環境においてこの概念が重要な意味を持つことを説く．なお，既述の関係的同一化は"役割関係"に焦点をあてたものであったが，関係に重点を置く概念であるため，役割アイデンティティとは別概念として考えられている．

第1章 組織的同一化研究の俯瞰　**27**

Doucet, 2000; Randall & Procter, 2008)，そういった影響を少なからず受けている両価的同一化もまた議論が発展途上にある．特に心理学で主に扱われてきたのは両価性という一時的な状態であるのに対し，経営学ではある程度持続する態度[6]を想定している．心理学の定義[7]を参照しつつ，両価的同一化の特徴を説明すると，企業や集団といった特定の対象に対して，相反する態度を持ち，緊張状態にあることと言える．

　以上，この項では近年研究されている同一化の種類について様々に取り上げてきたが，結局のところ同一化の対象の違いかベクトルの違いかに集約できる．

　さて，これまで組織的同一化の対象が組織アイデンティティとは言いつつも，それがどんなものなのかについて詳しい説明をしてこなかった．そのため，「企業に自分自身を重ね合わせる」ことを組織的同一化と言ってはいたが，その場合の企業が何を指すのかは曖昧なままであった．そこで次項でその曖昧な部分をはっきりとさせ，同一化についての理解を深めるとともに，組織アイデンティティについて明らかにすることで見えてくる疑問点についても説明する．

2-3　組織アイデンティティとは

2-3-1　組織アイデンティティの定義と性格

　経営学で組織アイデンティティが本格的に議論されるようになったきっかけが Albert & Whetten の 1985 年の論文だと言われる（Gioia, 1998）．彼らは組織アイデンティティを，①企業の本質と見なされる中心的特徴，②他の企業と区別しうる特異性，③時間的連続性を満たす所属企業の特徴だと定義する．彼らの考えは経営学の分野で支配的ではあるが，批判的な意見を持つ研究者らもいる．中でも Barney et al.（1998）は，Albert & Whetten の定義は組織アイデンティティを説明しうる特徴にすぎず，組織アイデンティ

---

6)　先ほど，「好きだけど嫌い」を両価的同一化の一例のように挙げたが，誤解のないように補足しておくと，気分で発するこのような言葉は同一化には該当せず，企業に帰属意識を持っているからこそ好きだという言葉になることで両価的同一化になる．このように，表面的には両価性と両価的同一化の区別は困難である．

7)　詳しくは Bleuler（1950），Costarelli & Colloca（2004），Scott（1966），Tompson, Zanna, & Griffin（1995）などを参照されたい．

ティそのものの定義ではないと批判している．では組織アイデンティティとは何かと言うと，「『我々は何者か』という問いに対する共有された答え」だと彼らは考えている（cf. Corley, 2004; Gioia, 1998）．また，似て非なる主張をする研究者にDuttonたちが挙げられるが，彼らは「企業の中心的・特異的・連続的な特徴について従業員たちが共有する信念」だと考える（Dutton et al., 1994）．両者の主張に共通する点は共有であり，組織アイデンティティとは単なる企業の特徴のことではなく，従業員によって認識・共有されたもののことだと言う．

　この組織アイデンティティが現実の企業ではどのような役割を果たすのか，組織アイデンティティ論において著名な研究であるDutton & Dukerich (1991) は一例を示している．彼らはニューヨーク・ニュージャージー港湾管理公社（以下，港湾管理公社）の施設内で起きたホームレス問題を取り上げ，組織アイデンティティと組織イメージ[8]の関係性について調べた．あるとき施設内にホームレスが集まるようになったため，港湾管理公社は当時の組織アイデンティティに基づいて問題対処にあたることにした．このときの組織アイデンティティは「プロフェッショナリズム，技術的専門知識，ソーシャル・サービスの専門知識はない」というものであり，このレンズを通して問題を認識していた．実際に取った対処行動としては，まずコンサルタントを雇い警察官を訓練させ，その警察官を問題解決にあたらせ，さらには港湾管理公社自身もホームレスを追い出すために福祉サービス企業と提携を結んだ．しかし，こうしたやり方に新聞などのメディアは批判的であり，結果として組織イメージの低下を招いてしまった．港湾管理公社は自社のやり方が周囲に受け入れられていないことを知り，組織イメージの改善を図ろうと，これまでの取組みの見直しを図った．取組みの見直しは，その根底にある企業としての考え方，つまりは組織アイデンティティの修正にも繋がる．港湾管理公社は最終的に組織アイデンティティの修正に成功し，問題への接し方を変えることで，うまくこの危機を脱することができた．この事例では，企業外部からの評価が組織アイデンティティの変化を引き起こし，企業の取る

---

8) Dutton & Dukerich (1991) の言う組織イメージとは「外部ステークホルダーが当該企業について特色であると見なしていると，企業メンバーが考えるもの」を指す．

行動を変化させるという一連の流れが描かれている.

　同様に，Fombrun & van Riel（2003）はロイヤル・ダッチ・シェル（以下，シェル）が1995年に見舞われた2つの危機的事件を例に取り，その危機的状況から脱し，現在のシェルがあるのは組織アイデンティティを大胆に変更できたからだと言う．組織アイデンティティを変更する際には，まず企業内部で新たな組織アイデンティティを受容させる戦略が実施され，その後シェルの新たなアイデンティティはその戦略に沿って外部ステークホルダーに伝えられた.

　上記2つの事例から，組織アイデンティティが組織イメージおよび戦略と密接な関係にあることが分かる．トップ（特に創業者）は経営理念にも似た「組織アイデンティティの理想」を実現すべく戦略を策定し，具体的な行動が引き出される．戦略が上手く結果に繋がれば，企業は自らの考えの正しさを証明したことになり，その裏側にある組織アイデンティティは肯定される．しかし，戦略が上手くいかなかった場合，企業は根底にある考え方に問題を見出し，組織アイデンティティ修正の機会にする[9]（Ashforth & Mael, 1996）．ただし，このとき組織アイデンティティがその内容自体を修正してしまっては，先ほどの定義に上がった時間的連続性に反する．そのため，組織アイデンティティの解釈を修正したり，後述するように，組織アイデンティティの特徴を使い分けたりといった表現の方が適切かもしれない．従来の同一化研究で組織アイデンティティは上述のような性格の概念だと考えられ，そのため，従業員は組織アイデンティティと同じ属性を自己概念の中に多く見つけること（あるいは含むこと）によって，企業の戦略理解が進み，企業に貢献しうる人材になると考えられてきた．恐らく，こうしたことが従来研究者の間で広く共有されてきたため，企業に同一化することが正しいという暗黙の前提になったのだろう.

　では，企業内の核となるような考え方（組織アイデンティティ）は1つし

---

9) 逆の主張をしているのがAbratt（1989）やYoung（2001）である．彼らは，戦略の機能が組織アイデンティティの実現にあると考える．つまり，組織アイデンティティを実現できるよう，組織は戦略を修正する．この議論は，組織イメージに影響される組織アイデンティティの実現が困難なとき，それは企業が十分環境に適応できていないことを意味し，そのため戦略を変更し実現・適応を目指すとも解釈もできる.

かないのだろうか．これについて Albert & Whetten（1985）は1つの企業に複数の組織アイデンティティが存在すると主張する．つまり，「我々は何者か」という問いに対する共有された答えが企業の中にいくつも存在するということである．複数の組織アイデンティティが併存するパターンは2つあると彼らは述べる．第1のホログラフィック組織（holographic organization）は，企業全体で複数の組織アイデンティティを共有している状態を意味する．「我が社は商品の細部にまでこだわる職人気質なところがあり，それでいて消費者の声を第一に考える商売人のようなところもある」というのは1つの企業が複数の顔を持っていることを指す好例だろう．第2のイデオグラフィック組織（ideographic organization）は，各ユニットがそれぞれ組織アイデンティティを形成し，企業全体で見たときに結果として複数の組織アイデンティティが存在している状態を意味する．この場合，「営業からすると我が社は結果に厳しい」「人事からすると我が社は人材を第一に考える」といったようにそれぞれの部門内では組織アイデンティティが1つに定まるのだが，全社で見ると多面的な様相を呈する．Albert & Whetten（1985）によれば，企業は起業した当初，アイデンティティを1つだけ持った状態でビジネスに着手する．しかし，時間を経て多岐にわたるビジネスシーンへの対応を迫られる中でアイデンティティは多様化し，上記の2つのパターンに当てはまるようになる．

　このように組織アイデンティティが分化する要因は，これまでいくつか考えられてきた．Barney et al.（1998）は，組織アイデンティティがまず戦略策定との関係からトップにより作られるものだと主張する．その際，組織アイデンティティは次の3つの条件の下で形成される．第1に，はっきりと言葉にすることができること，第2に，従業員の心を捕らえていること，第3に，市場で生き残れることである．この3つの条件をいずれも満たしている組織アイデンティティは最も強く企業の行動に反映される．仮にこの3条件を満たす組織アイデンティティが複数存在した場合，その企業はイデオグラフィックかホログラフィック組織になる．なお，3条件全てを満たす必要はなく，1つでも満たせていれば組織アイデンティティとして認識される．しかし，条件を1つしか満たせていないものは正当性が十分に確保できないた

め，他に条件を多く満たせている組織アイデンティティがあったときには，そちらに取り込まれてしまう．

Corley（2004）は，組織アイデンティティが戦略との兼ね合いで形成されるという点でBarneyらの主張を支持するが，彼らの言うトップダウン的な議論ではなく，職務階層によって組織アイデンティティは別々に形成されるという立場を取る．彼は分社化されたIT企業を対象にインタビューを行っており，階層をトップ（CEOから専務），ミドル（副社長から部長），ロワー（部長以下）の3つに区分し，階層ごとに組織アイデンティティが異なることを発見した．まずトップは組織アイデンティティを戦略と相互作用の関係にあるものと考えており，そのため組織アイデンティティを環境の変化に合わせて柔軟に変更できるものだと捉えていた．次にロワーは組織アイデンティティを企業文化から生じるものとして考え，したがって彼らは組織アイデンティティを比較的安定したものだと捉えていた．最後にミドルは，トップとロワーの間で両方の視点を組み合わせて捉えていた．Corleyによると，これらは階層ごとに求められる職務内容の違いが影響している．換言すると，多面的に組織アイデンティティが形成される要因は職務の違いにある．

このようにCorley（2004）が階層によって組織アイデンティティが異なるというタテの分化を見ているとすると，Glynn（2000）はヨコの分化になる．彼女はアトランタ・シンフォニー・オーケストラをケースに，オーケストラの利益を考えた功利的アイデンティティを持つ運営側と，オーケストラの芸術性を考えた規範的アイデンティティを持つ演奏家側との間で生じた対立を扱った．このオーケストラはウッドラフ・アート・センターの傘下にあり，上位組織が理念として「芸術を発展させることだけでなく，アトランタの発展のために芸術を用いることを目指す」を掲げているために，芸術性と功利性が下位組織の中に共存したと彼女は述べる．つまりこの場合，多面的な組織アイデンティティの形成要因は根源的にはオーケストラの上位組織にある．加えて，運営者と演奏家という全く違う職務に従事する者たちは各々に組織を認識し，組織アイデンティティを形成していった．そのため，やはりここでも職務の違いが分化の直接的な要因だと考えられる．

なお，ここで取り上げられた組織アイデンティティの功利的側面と規範的

32　第Ⅰ部　先行研究レビュー

側面は，しばしば用いられる分類法である（e.g., Albert & Whetten, 1985;
Foreman & Whetten, 2002; 佐藤・芳賀・山田，2011）．功利的側面とは，経
済合理性・利益最大化・効率性などを追求するアイデンティティのことであ
る．他方，規範的側面とは，伝統を重んじ，イデオロギーの内在化や維持を
求めるアイデンティティのことである．

2-3-2　組織アイデンティティの様相

　組織アイデンティティは Albert & Whetten（1985）の定義が支配的であ
ることは述べたが，捉え方が様々にあることも Barney et al.（1998）の批判
を例にとり述べた．このように研究者は組織アイデンティティに対し一貫し
た捉え方をしているわけではないために，その多様な定義の分類を試みる研
究がこれまでも度々なされてきた（e.g., Brickson, 2000; Ravasi & Schultz,
2006; 金，2010）．先の功利的・規範的という 2 分類もその 1 つではあるが，
本書では以下に記すように 3 つに大別する[10]（cf. 林，2017）．
　第 1 に，企業が 1 つの有機体として組織アイデンティティを持つと考える
視点である．この考え方は，個人的アイデンティティ研究をベースにしてお
り（佐藤，2013），個人が環境に適応するべくアイデンティティを変化させ
るように，企業も環境適応の過程で組織アイデンティティを形成・変化させ
ていくと考える（Alvesson, 1990; Dutton & Dukerich, 1991）．しかし，企業
が実際に人格を持つわけではないので，あくまでメタファーである．そのメ
タファーが従業員に共有されることによって，あたかも実体であるように捉
えられ，影響力を持つようになる（Cornelissen, 2002; Gioia, Schultz, &
Corley, 2002, Haslam, Postmes, & Ellemers, 2003）．この研究群では個人に
アイデンティティが 1 つであるように，企業にも組織アイデンティティが 1
つだと考える特徴がある．本書では便宜上，この特徴を中核的なアイデン
ティティと呼ぶことにする．
　次に，本書の組織的同一化の定義でも触れたように，従業員が企業に自分
自身を重ね合わせるには，自分なりに組織アイデンティティを認識しなくて

---

10)　林（2017）の分類以外にも，例えば金（2010）はミクロ・マクロの分類をしており，
　Brickson（2000）はミクロ / マクロと記述的 / 規範的の 2 軸を用いて分類している．

はならない．第2の視点は，自己に取り込んだものを組織アイデンティティと呼び，社会的アイデンティティアプローチに依拠する考え方である．この理論では社会的アイデンティティないし組織アイデンティティは極めて主観的なものとして位置づけられている．例えば，「人の嫌がる仕事（dirty work）」に従事する人が，周囲が考えるようなイメージとは違う独自の解釈をして仕事に取り組んでいることが確認されている（e.g., 屋外で働ける仕事，新しい人とたくさん知り合える仕事；Ashforth & Kreiner, 1999）．これは職業的アイデンティティの例であるが，企業に当てはめて考えても同様のことが言えるだろう．しばしば新人は「こんな会社だとは思わなかった」とリアリティ・ショックを経験するが，これは実際の現実とは切り離されたところで"勝手に"組織アイデンティティを形成していた証拠である．つまり，企業について極めて主観的に認識する場合がこの第2に当てはまる．

しかし，特定の職務に典型的な考え方や行動が見られるように，社会的カテゴリーの認識は集団内で共有される．第3の視点は，組織アイデンティティを周囲と共有した捉え方，つまり組織アイデンティティを間主観的なものとして見る視点である．上述のイデオグラフィック組織は正にこの視点に該当し，部門ごとあるいは階層ごとに異なる組織アイデンティティが形成されるということは，言い換えればその集団内で認識が共有されているということでもある．

以上3つの視点は本来，同じ現象に対して組織アイデンティティというラベルを貼っているため，互いに完全に独立したものとは考えにくい．そのため，3つは相互に関係し，1つに統合することができるはずである．図1-2に示すように，その関係は3層構造を成し，中核的要素，間主観的要素，主観的要素から構成される．

人は様々に企業を解釈し，組織アイデンティティを形成する．しかし，社会生活を送る上で集団に社会化[11]する必要があり，周りとの足並みを揃えることが求められる．組織アイデンティティも従業員の行動に影響を与える以上，周囲との共有のため修正する必要が出てくるだろう．この修正と共有は

---

11)　ここでの社会化とは組織社会化を指し，「組織への新規参入者が新たな役割・規範・価値を習得するという形で変化し，組織に適応していく過程」（Wanous, 1992）という概念である．

出所：林（2017）

図1-2　組織アイデンティティの構造

コミュニケーションを通じてなされ（Swann, Gómez et al., 2009），集団でアイデンティティが共有されると彼らの成果（e.g., 計画，サービス，商品，制度）にまで影響をもたらす（Haslam et al., 2003）．

　殊に職務において，こうした組織アイデンティティの"すり合わせ"は，効率化のために欠かすことができない作業ではあるが，場合によってはそれが逆に生産性を下げる恐れもある．例えば，営業部と経理部といった部門単位で大きく異なる組織アイデンティティを形成していた場合である．各部門内で組織アイデンティティがすり合わされ，部門特有の解釈が共有されてしまうと，部門間の考え方の違いが何かと意識されてしまう．しかし，本来，企業の持つ経営理念や経営戦略は1つであり，企業が発するメッセージは1つのはずである．その1つのメッセージを各々の役割に引きつけて解釈をした結果が部門間で異なる組織アイデンティティということになるが，それでも本質的な部分ではどの部門も考え方は共通していると思われる．したがって，企業を1つの有機体として考える研究と同じく，間主観的なアイデンティティの間にも共通する"中核的要素"が存在すると考えられる．あるいは表現を変えれば，上述のように起業時に単一であった組織アイデンティティが，時を経ることで多面的になっていくとAlbert & Whetten（1985）は述べている．これは，企業に関わる人が増えることによって，組織アイデ

ンティティが多義的になってきたためとも解釈できる．しかし，その多義性
を与えている本来の組織アイデンティティは1つであり，それがここで言う
中核である．

　このアイデンティティの中核に関する議論は，組織アイデンティティ研究
に限らず，そのほかのアイデンティティ研究でも確認することができる．国
籍や性別，あるいは所属集団の成員性といった，これまで繰り返し扱ってき
た社会的アイデンティティは，その中核に個人的アイデンティティを据える
（Jones & McEwen, 2000）．それは，様々なカテゴリーを事実として受け止
めるのではなく，個人的アイデンティティに基づいて解釈して自分の一部に
しているためである（Deaux, 1993）．序章で説明したように，自己概念は社
会的アイデンティティと個人的アイデンティティから構成されるため，自己
概念の中核も個人的アイデンティティだと読み替えることもできる．

　では，中核とは何を意味するのかというと，様々なアイデンティティに共
通するものであり，複数の社会的アイデンティティに共通した傾向を説明す
るものである（Hitlin, 2003）．上記で見られる社会的アイデンティティと個
人的アイデンティティの関係は従業員の頭の中で完結するものだが，組織ア
イデンティティはそうではない．組織アイデンティティは他者との共有が議
論されることから分かるように，基本的に従業員間で形成されるものである．
したがって，先の先行研究を引用して組織アイデンティティの中核も個人的
アイデンティティだと言い切ってしまうことは難しい．

　Albert & Whetten（1985）の示す組織アイデンティティは，中心的特徴
と時間的連続性が企業の歴史と強く結びつくことから，恒久的ないしは安定
的な性格を持つ概念である（Gioia et al., 2000）．こう述べるGioiaら自身は，
組織アイデンティティをメタファーだと考える立場にあり，環境の変化に応
じてその解釈は変化するため，安定的どころかむしろ柔軟な性格の概念だと
捉えている．加えて，組織アイデンティティの解釈に影響を与える企業の中
核的な信念・価値観[12]は，環境が変化しても，時間が経過しても維持され続

---

12)　企業ではなく個人レベルではあるが，中核的な信念や価値観はメンバー自らの経験によって
　　裏づけられ，そして周囲からも支持されることによって行動や認識に強く影響を及ぼす中核的
　　な役割を担うようになる（Rokeach, 1973; Leonard & Swap, 2005）

けるとも述べている．Albert & Whetten の３つの基準を満たす組織アイデ
ンティティの中で，この中核的な信念と結びつくものは，他の組織アイデン
ティティにも影響を及ぼす要素を含んでおり，中核的な役割を担うだろう．
もう少し具体的な話をすれば，仮にこの中核的な信念を経営理念と置き換え
て考えると，複数存在する組織アイデンティティの中でも理念に密接に絡ん
だ組織アイデンティティは，他の組織アイデンティティの認識の基礎となる
ため，中核的な位置づけになるのだ．

　Hitlin（2003）が言うように，組織アイデンティティの中核が社内に存在
する様々な社会的アイデンティティを説明するものであるなら，間主観的な
アイデンティティも中核的要素を含んでいることになる．つまり，主観→間
主観→中核という順での包含関係が存在し，主観から中核へと認識が移って
いくプロセスには共有が関わっていると考えられる．それは，主観から間主
観へ認識が移る際，今までと全く違った企業の見方を周囲から押しつけられ
るわけではなく，自分の中に抱いていた組織アイデンティティの部分的修正，
あるいは余計なところをそぎ落とすといった"マイナーチェンジ"を通じて
間主観的なアイデンティティが認識される．その後，特定の部門でのみ通用
する間主観的なアイデンティティの域を超えて，より広い範囲ですり合わせ
をしていくと徐々に社内のどの部門にも共通する考え方，つまり中核が認識
できるようになる．

　この３層構造のどこを認識し，同一化しているかで，そこから期待される
行動が異なってくる．Albert & Whetten（1985）が述べる，イデオグラ
フィック組織において異なる組織アイデンティティが単一企業内に複数存在
した場合，組織的同一化からは部分最適的行動しか導くことはできなくなっ
てしまう．つまり，組織アイデンティティの共有の結果，従業員の認識が間
主観的レベルに留まり，中核まで至らないとき，先行研究が示してきたよう
な組織的同一化による貢献行動は期待できなくなってしまう．

　本書の冒頭で触れたように，一体感とは周囲との強い結びつきを前提とす
る概念である．そのため，一体感の醸成には組織アイデンティティの間主観
的要素を認識できている必要がある．ただし，間主観的な組織アイデンティ
ティは，ある特定の環境で共有される"限定的な"あるいは"偏った"認識

を指すため，強い一体感を抱かせるには中核の認識が求められるのであろう．すなわち，本書が目指すマネジメントは，従業員に組織アイデンティティの中核を認識させることを含む．

3. 同一化の多重性

これまで見てきたのは，従業員の組織的同一化に関する研究結果であった．既に述べてきたように，現実には同一化の対象は常に複数存在し，その多重性をマネジメントすることが企業には求められる．March & Simon（1958）は古典的研究でありながら，既に同一化の多重性について触れており，組織アイデンティティ以外にも，組織外集団・下位集団・職務[13]のアイデンティティについて検討していた．彼らの主張は，それぞれのアイデンティティへの同一化は異なる影響要因を持ち，従業員個人からもそういった要因の違いを区別されているというものであった．しかし，先ほども述べたようにアイデンティティは認識するものである．例えば，「会社のことは大っ嫌いだが，職場は好き」といったようにハッキリと区別できることは珍しく，現実には，折り重なるアイデンティティは相互に影響し合ったり，そこに同一化することで自己概念が複雑化することも考えられる（cf. 田端他，2012）．本節ではそうした複数の同一化が仕事現場の中で常に共存する複雑さを描き出すことを目的とする．

3-1　多重アイデンティティ

社内のアイデンティティは，①包括的・排他的，②抽象的・具体的，③遠位・近位という3つの次元から構成される（Ashforth & Johnson, 2001）．高次のアイデンティティは包括的・抽象的・遠位であり（組織アイデンティティ），低次のアイデンティティは排他的・具体的・近位となる（職場アイデンティティ，職業的アイデンティティなど）．例えば，専門職として職業的アイデンティティを認識する人は，目の前の職務から直接にアイデンティ

13）March & Simon（1958）は本来"課業（task）"と述べているが，ここではこれまでの流れから職務としている．そして本書では職務のアイデンティティを職業的アイデンティティとして統一する．

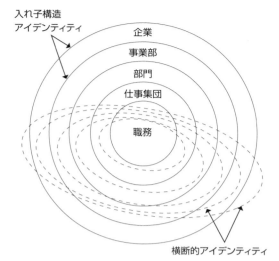

出所：Ashforth & Johnson (2001)

図 1-3　入れ子構造アイデンティティと横断的アイデンティティ

ティを認識することができるため，非常に具体的であり近位である．そういった具体的なアイデンティティは，内集団と外集団の区別が容易であり，仲間意識の醸成や敵対的態度の表明なども非常にしやすい．このアイデンティティの低次・高次といった区別は，図 1-3 に示すように社内のアイデンティティが入れ子構造アイデンティティ（nested identities）と横断的アイデンティティ（cross-cutting identities）から構成されるという考えに基づく（Ashforth & Johnson, 2001）．入れ子構造アイデンティティとは，企業の階層構造に基づくもので，職場，部門，事業部などの各レベルにアイデンティティが形成されるというものである．後者の横断的アイデンティティとは，職場・事業部といった垣根を跨いだ集団に関わるものである．横断的アイデンティティとしてタスクフォースは好例であり，そのような部門横断的な集団に抱くアイデンティティが当てはまる．場合によっては，社内の勉強会といった所属に捕らわれない非公式の集団も横断的アイデンティティに含まれる．

　議論を社内に留めた場合，従来はこれらのアイデンティティで終始した．しかし先ほど，同一化の多様性を論じた際に関係的同一化という概念を紹介

したが，その矛先となる関係的アイデンティティ，前出の役割アイデンティティなどが新たに議論の俎上に載るようになった．なお，社外にまで目を向けると，顧客への同一化（Johnson & Ashforth, 2008）や社外のコミュニティなど様々な対象に人は同一化するため，当然議論も多岐にわたることになる．

　では，現実に従業員のマネジメントを難しくするのは，こうしたアイデンティティが複雑に絡みあっているからだけなのだろうか．このように考えるには理由がある．これからいくつか，特徴的なものを見ていく．

　まず，社内のアイデンティティの中で異質な特徴を持つものとして，すでに言葉としては何度も触れている職業的アイデンティティが挙げられる．組織アイデンティティや職場アイデンティティなどは「自分が働く集団」について定義するもので，帰属意識に関わる．しかし，職業的アイデンティティは「自分が働く内容」について定義するもののため，帰属意識とは関わらない（Pratt, Rockmann, & Kaufmann, 2006）．この職業的アイデンティティの特徴を上手く描き出した研究に Pratt & Rafaeli（1997）がある．この研究は看護師に着目し，看護師を日勤・夜勤という勤務形態の違い，管理者とスタッフという職位の違いに分けて，彼らが持つ職業的アイデンティティの比較を行った．その結果，同じ看護師という職業的アイデンティティでも，患者志向と職務志向という違いや，準拠集団がリハビリ業務か救急医療業務かといった違いが見られた．このことから，定義の違いこそ組織アイデンティティと大きく異なる職業的アイデンティティだが，同じラベルのアイデンティティでも立場によってその認識の仕方が異なるという点ではやはり共通する．

　次いで，既に述べたことではあるが，組織アイデンティティには理想的な部分が存在する（Ashforth & Mael, 1996）．この理想は戦略策定に関わり，現在の組織アイデンティティの変化の方向性を示すものである．本書は，この理想的な部分というのは経営理念を意味すると考える．Abratt（1989）によれば，経営理念は，組織アイデンティティの前提にある概念である．つまり，経営理念を基礎として日々の職務が成り立ち（換言すれば，経営理念を追求するよう日々の職務が成り立っており），その中で組織アイデンティ

ティの3条件を満たす「我々とは何者か」という問いに対する答えを共有することでアイデンティティは形成されるのだと思われる．経営理念とは「組織体として公表している，成文化された価値観や信念」（髙，2010）と定義され，必ずしも組織アイデンティティの3条件を満たすものではない．この3条件は現在の企業を定義するためのものであると考えると，経営理念が条件を満たしていなくともそれが企業の規範的な内容である限り（高尾・王，2012），理想的なアイデンティティの姿として見なされ，組織的同一化の対象になるのかもしれない．経営理念が上手く浸透している企業の場合，理想と現実のアイデンティティの姿を従業員は意識しやすくなるため特に，組織アイデンティティが多重的に存在する可能性がある（cf. 奥村，1996; 髙，2010）．

　以上から，社内のアイデンティティは，たとえ同じラベルで括られるものであっても，従業員の立場によってその解釈が大きく異なる．そのことは，イデオグラフィック組織に関する話だけでなく，職業的アイデンティティの議論でも同様のことが示された．その上に，マネジメントの視点を持ち込むと，理想と現実という時間軸の議論にまで発展し，複雑さはますます深刻になる．

3-2　多重アイデンティティと同一化の相互関係

　アイデンティティが社内で幾層にも重なり，そして幅広く存在するということは，従業員が同一化する対象もそれだけ無数に広がることを意味する．この多重アイデンティティとそこへの同一化の議論は，March & Simon（1958）が既に取り上げている．しかし，従業員が多様な同一化を行うことでどういった態度変化を引き起こすのかは，March & Simon（1958）の時点では明らかにされていなかった．この点についてこれから俯瞰的に検討していく．

　まず，職業的同一化と組織的同一化の関係性について古典的研究では強い関心が示されてきた．これは，「私の仕事はこの専門に磨きをかけていくことだ」と思うのと「私の仕事はこの会社の発展に貢献することだ」と思う状態が両立しうるのかという問題である．直感としてこの問題が職務と企業の

関係に依ることは理解できるだろう．つまり，自らの職務に邁進することが企業の発展のために必要なのであれば両者は共に発達しうるだろうし，さらにその職務がこの企業でしか携われないもの，評価されないものであればよりこの2つの同一化の結びつきは強くなるだろう．他方，Hall et al.（1970）が取り上げたR&D研究所の研究者のように，たとえ自分の職務が組織の発展に関わるものだとしても，自分の職務が他組織でも取り組むことができ，評価もされるとしたら，両者の関係はそう単純ではなくなる．

こうした両者の関係を検討した研究の先駆けとして，Gouldner（1957, 1958）が知られる．彼は社内における社会的アイデンティティを"コスモポリタン"と"ローカル"に分類した．コスモポリタンは，企業へのコミットメントは低いが自分の専門知識やスキルへのコミットメントは高く，準拠集団を企業の外に置く従業員を指す．一方，ローカルはその反対で企業へのコミットメントは高いが，専門知識・スキルへのコミットメントは低く，準拠集団を所属企業に置く従業員を指す．Rotondi（1974）はこの分類を用い，前者を職業的同一化，後者を組織的同一化に対応させ，創造性との関係性を調査した．そうすると，創造性の高い従業員は，職業的同一化が高く，組織的同一化が低いという特徴が見られた．一方創造性の低い従業員では，反対の結果が得られた．この結果は，Gouldner の主張とも合致し，職業と組織の同一化は両立しえず，トレードオフの関係を持つと考えられた．

しかし，2つの同一化が両立しうると主張する研究もある．Lee（1969, 1971）は連邦公共保険サービスで働く科学者を対象に調査を行い，両者の間に正の相関関係を見出した．Schneider et al.（1971）は，こうした専門職集団の場合，業務内容を覚えたり，社会化していくことで職業的同一化と共に組織的同一化も発達すると考えた．Lee と Schneider らの結果と Gouldner の結果の相違は専門職集団を想定していたかどうかに影響を受けた可能性があるが，Gouldner（1957, 1958）を支持する Rotondi（1974）は科学者と技術者を対象にした結果であるため，企業や業務の特徴を受けて両同一化の関係性が規定されると言えるほど単純なものではないようだ．

職業と企業という過度に単純化した同一化ではなく，March & Simon（1958）が本来提示していた4つの集団（組織，組織外集団，職業，仕事集

団）全ての関係性を検討した研究に Rotondi（1975）がある．彼はビジネス
スクールの卒業生 187 人を管理職と非管理職に分類した上で分析を行ってい
る．まず，非管理職を対象にした分析では，組織的同一化と他の3つの同一
化の間では有意な相関関係は見られなかった．しかし，組織外集団，職業，
仕事集団，それぞれの同一化の間で有意な正の相関が確認された．一方，管
理職への分析では，4つ全ての同一化の間で有意な正の相関関係が見られた．
ここでは職位という要因が同一化の関係を左右する結果となった．この職位
を先ほどの業務の変化として捉えてしまうと解釈が難しくなるが，役割の変
化，さらに言えば社内の役割認識の変化と考えると解釈の助けになるかもし
れない．職位が上がり部下を束ねることや，企業の今後を考えるといった新
たな役割を担うことで，従業員はそれまでとは違った環境の捉え方をするよ
うになる．この役割認識が，企業との心理的距離を縮め，業務への一層の責
任を感じることとなり，組織的同一化と他の同一化を共に促進させる可能性
がある．

　こうした同一化の相互関係の議論は，現在も引き続き議論されている．
Bartels et al.（2007）は，従業員が職務の中でどういう順序で同一化してい
くのかという議論を行っており，古典的研究からの流れを精緻化していると
も言える．彼らは Ashforth & Johnson（2001）の入れ子構造アイデンティ
ティを基礎とし，低次元から高次元のアイデンティティへと順を追って同一
化していくと考えた．それは，低次元のアイデンティティ，例えば職業的ア
イデンティティや職場のアイデンティティといったものは組織的アイデン
ティティに比べると，遥かに具体性に富み，認識しやすいため，自己との距
離を測りやすいと考えたからである．要するに，彼らは仕事関連のアイデン
ティティ[14]（work-related identity：Conroy & O'Leary-Kelly, 2014）は相互
に排他的ではなく，折り重なるような形で両立していると考えている．この
同一化の順序に関する仮説を，Bartels らは地方の警察組織に調査を行い，
分析している．その際，仕事集団，部門，事業部，企業（組織）を同一化の
対象に設定しており，総じて有意な正の相関関係が確認されている．また，

───────────────
14)　仕事関連のアイデンティティとは，社会的アイデンティティの中でも仕事に関連する組織ア
　イデンティティ，職業的アイデンティティなどを含んだ包括的な概念である．

その分析では次元が近いもの同士は強い相関を示し，離れていくにつれて相関が弱くなるという関係も見られた[15]．このことから，彼らは仕事関連のアイデンティティには相互に繋がりがあり，同一化もまた関わり合うと述べている．

　近年は，Bartels らに見られるような同一化のメカニズムを一般化する方向で取り組む研究だけではなく，むしろ一般化できない特殊事例とも言える人たちに目を向ける研究も多数ある．ここで言う特殊事例とは，これまでの同一化の研究が企業と個人の間に安定的かつある程度長期的な関係を前提としたものであったのに対し（Johnson & Ashforth, 2008），それに当てはまらない雇用形態や企業との関わりを持つ人を指す（例えば，派遣社員や契約社員）．

　派遣社員の同一化に着目した George & Chattopadhyay（2005）は，派遣社員が持つ2つの“所属企業”に対する2つの組織的同一化の関係について検討した．まず，派遣社員は派遣元企業が割当てた職務を行っており，そのため派遣元企業のアイデンティティに関連する情報が職務を通じて提供される．そうした職務経験から彼らは派遣元企業における規範的な態度（プロトタイプ性）を認識する．一方，重要とされる職務を派遣先企業で必ずしも与えられるとは限らず，それゆえ派遣先企業のアイデンティティに関する情報が不足し，プロトタイプ性を認識することが困難な場合が多い．言い換えれば，派遣社員には派遣先でどんな職務態度を身につけることが求められているのかを理解することが難しい．こうした派遣元と派遣先の違いから，組織アイデンティティの認識に役立つ客観的な属性（例えば，企業の名声や弁別性など）をより多く知覚できている派遣元に対して強く同一化することがデータ分析から明らかにされている．しかし組織的同一化には，企業についての情報だけでなく，職場内でのコミュニケーションも非常に重要な意味を持つ．コミュニケーションを頻繁にとることは，社内での社会的関係の質（例えば，経営層への信頼や同僚に抱く魅力）を高めることになり，そのた

---

15)　ただし，全ての相関関係あるいはパス係数が仮説通りであったわけではなく，仕事集団同一化による組織的同一化への影響は部門同一化による影響よりも強かった．それ以外の関係は仮説通りであった．

め派遣先との同一化を促進させる．この仮説についても調査から明らかにされている．George & Chattopadhyay（2005）はこうした分析から，異なる企業への同一化が異なる規定因によって影響を受けることを明らかにしただけでなく，ひとりの従業員の中で両立することを示した．

こうした複数の所属企業を持つ従業員の問題は企業合併の際にも生じる（Bartels et al., 2006; van Knippenberg et al., 2002; van Leeuwen, van Knippenberg, & Ellemers, 2003）．つまり，企業合併を経て，合併前の企業への同一化が合併後の企業への同一化にどのような影響を及ぼすのかという論点である．合併しても，さほど今までの仕事環境と変わらない，つまり組織アイデンティティの変化をあまり感じない場合には，合併を経ることで同一化は一層高まることを van Leeuwen et al.（2003）は明らかにした．しかし，仮に合併によって仕事環境が大きく変わってしまったと従業員に認識されると，合併を境に組織的同一化は低下することも分かった．ただし，この結果は大学生を用いた実験の結果であるため，どこまで現実に当てはまるのかは疑問が残る．

この疑問を解消するのが実際の合併を調査した van Knippenberg et al.（2002）と Bartels et al.（2006）の研究である．前者は地方自治体と中等教育組織（日本の中学・高校），後者は警察組織を対象にしており，両者ともに合併前の組織的同一化は合併後の組織的同一化に正の影響を与えていた．Bartels らは，合併によって従業員の職務に大きな変化が生じなかった場合，仕事集団への同一化が組織的同一化に正に影響することも示した．つまり，従業員は企業という遠くの存在を認識する際，身近な仕事環境を手掛かりに類推する．そのため，合併を経ても仕事環境に大きな変化が生じないと，合併を好意的に評価でき，組織的同一化に繋がるものと思われる．

だが，厳密に言えば彼らの研究は全て非営利組織を対象としたもので，かつ当該組織に対するイメージが合併前と合併後で著しく変化するとも考えにくい．特に警察組織の場合，管轄地域によって警察官の意識が変わると言うよりも，警察組織に所属しているという意識が同一化に大きく影響していると予想されるため，営利組織の企業合併とは意味合いが大きく異なると思われる．営利組織の企業合併のように新旧の組織アイデンティティの間で繋が

りが見出しにくい場合と違い，上記の非営利組織は新旧の組織アイデンティティの間で強い繋がりが予想される．先の Bartels et al.（2007）を振り返ると，入れ子構造のアイデンティティ間に繋がりがあり，低次元から高次元へと同一化間で影響を与えていた．したがって，ここでも新旧での組織アイデンティティに繋がりが見られるため，合併前の組織的同一化が合併後に上手く影響を与えたとも解釈できる．言葉を変えると，時間差はあるが2つの異なる所属企業に対する同一化が上手く繋がるには，両組織アイデンティティの関連性が重要になるということだろう．

　また，多重アイデンティティの相互関係の前提として，従業員が社内に存在する様々な社会的アイデンティティを認識しなくてはならない．入れ子構造アイデンティティはあくまで社会的カテゴリーを示しているにすぎない．つまり，部門アイデンティティというのは，部門カテゴリーにアイデンティティを見出すことだが，現実には部門という括りの中には"営業部""開発部"といった具体的な集団が含まれており，従業員はそうした集団に対して部門アイデンティティを認識する．そのため，専門職のように基本的に企業内キャリアを同じ部門で過ごす人が部門アイデンティティを認識するときには一貫して同じものを認識し続けることになる．一方，総合職のように幅広く部門を跨いで過ごす人は，複数の部門を経験する中でその都度，部門アイデンティティを認識していくので，カテゴリーとしては同じだが，キャリアの幅によってその内容は大きく変わることになる．Bartels et al.（2007）が言うように，入れ子構造アイデンティティが相互に関係しているとすると，広い範囲で入れ子構造を認識する従業員は，組織的同一化に影響する要因を多く抱えることになるだろう．そのため，同一化はキャリアとは切り離して議論することが難しい問題だと言える．

3-3　アイデンティティの顕現性

　本書がこれまで追いかけてきたのは組織的同一化のメカニズムに関する議論であったが，現実の企業が求めているのはそんな過程ではなく結果，つまり最終的な行動が望ましいかどうかということだろう．第1章でも述べたように，たとえ従業員が企業に強く同一化していたとしても，行動が他の同一

化の影響を受けていては企業の全体最適の観点から十分とは言えない．極端な例だが，家庭で父親をしている人でも，企業ではその企業の一員としての意識で働いている．もしも，企業でも父親のように振る舞っていては明らかに職務をする上で不適切であろう．これは，その人がその場に合わせて意識的にアイデンティティを選択，あるいは無意識的にアイデンティティを変更しているためであり，通常このような混乱は生じない．このアイデンティティの選択を顕現性と呼び，「集団カテゴリーが目立つ程度」（縄田・山口，2008）と定義される．要するに，家庭では父親という役割カテゴリーが目立つ行動を取っており，職務の最中は仕事集団カテゴリーに即した行動を取っているということを意味する．

　これまでの研究から，人が何らかの集団カテゴリーを意識すると，その集団に属する他の人たちと自分の間に多くの共通点があるように感じたり，他集団に抱く偏見（ステレオタイプ）を共有したりすることが知られている（Cooper & Thathcer, 2010; Cohen-Meitar, Carmeli, & Waldman, 2009; Doosje et al., 1995; Haslam et al., 1999; Waddell & Cairns, 1986）．このことは，中堅社員が"同期会"の席で次から次へと上司への不満をこぼすといった場面が上手く表すように，同期カテゴリーを意識することで他の同期従業員と偏見を共有し，あるいは周囲も自分の意見に共感してくれると思うことで，みんなが思っているだろう声を代弁した結果の不満の声である．もちろん，こうしたインフォーマルな交流が集団凝集性を高めることや，不満のはけ口になるというメリットはあるが，それ以上に，この仕組みを企業が応用することでより大きな価値を生むだろう．つまり，企業が従業員を上手くマネジメントし，組織アイデンティティを意識させることができれば，同僚を互いに仲間だと思って協力し，企業にとって望ましい働きを期待できることを意味する．

　職務において組織アイデンティティが顕現するかどうかは，①企業・部署といった特定のカテゴリーが他のカテゴリーと比較してどれだけ用いやすい状態にあるのか（相対的接近可能性）と，②そのカテゴリーが当人の置かれている状況にどのくらい心理的に合致するのか（適合性），この2つの組合せによって決まる（Turner et al., 1987）．あるいは，ⓐ職務の際に組織アイ

デンティティを顕現させることに意味があるか（主観的重要性），⑤自分の置かれた状況が組織アイデンティティと関わりが強いか（状況的関連性），という2つの組合せで決まると主張する研究者もいる（Ashforth, 2001; Ashforth & Johnson, 2001; Ashforth et al., 2008）．似て非なる2つの研究ではあるが，総合すると，従業員は自分の置かれた状況を認識し，いくつもある集団カテゴリーを「その状況に相応しいか」という観点から評価することで1つを選択する（顕現する）ということになる．

　この評価をするにあたり，人は様々な根拠を持ち寄る．例えば，世間一般に見たときに，所属企業の評判と自分の職種・業種の評判，どちらの方が好意的に見られているのかという「周囲の目」が関係してくる（Aries et al., 1998）．あるいは憧れの上司像や理想の社長像などを持っている場合，彼らが職務でどう振る舞っているのかを考えることで，その場で選択すべきカテゴリーを絞っている（Hinkley & Andersen, 1996; Hogg, Terry, & White, 1995）．このように，評価に用いる根拠には具体的な経験やこれまで培ってきたイメージ，もしくはこれまでの経験が通用しない場合には，現在の状況に関わる様々な要素などが挙げられる．

　とりわけ，環境の大きな変化は人にアイデンティティの顕現を強く迫ることが知られている（Ethier & Deaux, 1994）．結局のところ，組織アイデンティティを含む社会的アイデンティティとは，集団に対する知識を起点としている．新入社員と定年間際のベテラン社員の間で企業に対する認識に大きな隔たりができてしまうことも，企業に対する知識量，または企業について学んだ時代の違いを考えれば仕方がないと言える．この知識は，仕事環境で必要に応じて蓄えられていくため，例えば営業職が長かった従業員が人事部に異動になった場合，これまで職務は「お客様に喜ばれる商品を提供し，多くの利益を会社に届けること」だと考えていたが人事部の職務はその認識では務まらない．仮にその考えを引きずって働いてしまうと，新しい職場の中でプロトタイプ的とされる働き方ができず浮いた存在になりかねず，結果として自尊心を保てなくなる恐れがある．そのため，何とかそういった状況を回避しようと，職業的アイデンティティの内容をその場に適したものに改めたり，他のアイデンティティを顕現させたりすることで対応をする．

顕現性の難しさは，これまで見てきた環境の認識だけでなく，欲求までも関わってくる点にある．古典的研究で欲求充足が同一化にとって重要な要因だと議論されてきたことからも分かるように，人は集団の中で様々な欲求を満たしていく．見方を変えれば，集団は個人の欲求充足の手段であり，どの集団であれば自分の欲求をより満たすことができるのかという基準で人は顕現させる集団カテゴリーを選ぶ（Johnson et al., 2006）．

この欲求と顕現性の関係について著名な研究に最適弁別性理論（optimal distinctiveness theory：Brewer, 1991）がある．この理論では，人は本来的に差異化欲求と同化欲求を持っていると考え，両者のバランスを取ることが大事だと主張する．この差異化欲求とは，周囲との比較を通じて「自分らしくありたい」という個人的アイデンティティに関わる欲求である．そのため，この欲求は比較の容易さ，個人的アイデンティティの見出しやすさと言う点から比較的小さな集団（あるいは下位集団）を求める傾向にある．他方，同化欲求は，同じく周囲との比較を通じて「この集団の一員らしくありたい」という社会的アイデンティティに関わる欲求である．このとき，周囲との共通点が見出しやすくなることや，内集団メンバーが多くなるという点から比較的大きな集団（あるいは上位集団）を求める傾向にある．こうして相反する２つの欲求を抱え，その２つが上手く釣り合う集団に自分の居場所を見出す（顕現する）と考えられている．つまり，企業の一員として認められることは望んでいることだが，上司から「大勢の中のひとり」として見られるのではなく，「自分の良さ」をしっかり分かってもらいたい，そんな風に従業員は常々考えている．その結果，特に新人は企業への独自の貢献が難しく，差異化欲求を満たしにくいため，より身近な職場カテゴリーが意識されることだろう．ただし，Brewer も言うように，バランスのとり方は色々な影響を受ける．例えば，従業員が企業に社会化していれば，それに応じて企業へ貢献ができるようになり，職務の中で自尊心を保つこともできるため，職場カテゴリーのような身近なものではなく，部門カテゴリーや企業カテゴリーといった上位集団が意識されるようになる．他にも文化的規範（例えば滅私奉公）が影響することや，直近の経験が影響することについても彼女は取り上げている．

最適弁別性理論から導かれる結果は，従来の同一化研究でも支持される（e.g., Bartels et al., 2007; Glynn, 2000; Millward, Haslam, & Postmes,, 2007; Riketta & van Dick, 2005）．これまで「人は最も低次のアイデンティティを顕現させ，同一化する」という主張が多くの研究で検証されてきた．それに加え，低次から高次へと順を追って同一化することも知られている．これらは，同化欲求と差異化欲求のバランスが身近な集団でとりやすく，その場に社会化することで徐々に高次のアイデンティティに意識を移していくことができることを説明している．改めて，顕現性を環境認識から考えてみても，同じことが言える．Ashforth が言う主観的重要性と状況的関連性の 2 つを組み合わせて顕現させるアイデンティティを決めるという議論を思い返すと，低次のアイデンティティの場合，職務と直接的に関わり，直接的に個人の欲求を満たすことができるため，職業的アイデンティティや職場アイデンティティと言ったものが意識されやすい．つまり，認識と欲求，どちらからでも同じ顕現の結果を説明することができるということになる．

　最後に，アイデンティティの顕現性から生じる問題について触れる．顕現性は多重アイデンティティを前提とする．多重アイデンティティはしばしばコンフリクトを引き起こすと言われており（Ashforth, 2001），さらに言えば顕現性によってそのコンフリクトの生じやすさは大きく変化する．例えば，経理部所属の従業員が部門アイデンティティを顕現させて働いていた場合，その人にとっての内集団は同じ経理部の同僚であり，外集団は他部門の全従業員になる．そのため，たとえ同じ企業の一員だとしても他部門の同僚には手を貸さず，もっぱら所属部門のための職務に注力するという行動が内集団バイアスから予測される．互いに互いをこのように仲間だと認識できていないと，明確に集団間コンフリクトを感じさせてしまい，内集団を贔屓する行動がより一層強まることになる．

　言い換えると，顕現性は内集団メンバーを決定づけるため，身近な集団カテゴリーを顕現させるとそれだけ敵が多くなってしまう．他方，上位集団のカテゴリーを顕現させると逆に仲間が多くなり，社内でコンフリクトを感じる機会は減る．そのため，下位集団から上位集団へと顕現性をシフトさせること，外集団までも含んでしまう大きな括りで"我々"という意識を作り上

50　第Ⅰ部　先行研究レビュー

げることで，集団間差別は解消されることが，共通内集団アイデンティティ
モデル（Gaertner & Dovidio, 2005）で提唱されている．具体的な施策とし
ては，①所属企業を"うちの会社"，同じ企業に所属している人たちを"私
たち"という言葉で表現させること，②企業全体に関わる大きな脅威を従業
員全員で共有すること，③世間から所属企業が良く思われていると伝えるこ
と，④理念や文化といった企業の価値観を職務を通じて実感させること，⑤
その企業を代表して社外で職務をさせること（例えば，客先にひとりで営業
をしに行く），などが挙げられる（e.g., Ashforth et al., 2008; Carmeli et al.,
2006; Cheney, 1983; Cheney & Christensen, 2001）．

　本書では，こうした顕現性を"一時的"ではなく，"安定的"に態度に影響
させられるような要因を考えている．その手段として人事異動を取り上げて
おり，どのように顕現性や同一化に異動が関わってくるのかは次章で説明す
る．

4.　小括

　本章では，日々の職務態度を規定する同一化という概念について俯瞰的に
見てきた．同一化研究を構成する要素は，同一化の対象とベクトルという2
つに絞ることができた．対象の違いによって組織的同一化，役割同一化，職
業的同一化と様々に名前を付けられてはいるが，どれも「その集団の典型的
な行動を意識する」という共通点を持っていた．このとき，典型的な行動を
取るためには集団カテゴリーが顕現している必要があり，多重アイデンティ
ティの議論をする上で避けては通れない視点であった．また，基本的に，こ
うした集団のためを思っての行動が見られるのは，顕現性だけでなく，集団
と自己を重ねているからであるが，それとは逆に集団と自己を切り離して捉
えようとする態度を脱同一化と呼んだ．多くの先行研究を紹介してきたが，
このように，そのエッセンスはとてもシンプルなものである．

　このエッセンスに辿り着くまでには1950年代から始まる長い歴史があり，
古典的研究として本書ではそのレビューを行った．当時の同一化はマネジメ
ントの対象として見られ，今なお示唆に富んだ研究が多い．1990年代に入り，
同一化研究の流れが劇的に変わることで，一度マネジメントの視点は目立た

なくなった．代わりとして同一化のメカニズムに主たる関心が向けられ，議論の複雑化に拍車がかかっていった．これら大きな研究の流れを追いつつ，①同一化の種類や性格，②組織アイデンティティやその他のアイデンティティ，③顕現性について議論してきたわけである．

　先行研究から，現実の人の行動をどれだけつぶさに見ようとしているかはある程度伝えることができたが，同時にどれだけ人の内面が複雑であり，捉えきれていないかも伝わることとなった．この近年の"過剰"とも言える精緻さを求める研究が，同一化のマネジメントを困難にさせているのも事実である．しかし，元を辿れば，前述のように同一化のマネジメント研究があり，同一化に対する理解の甘さがマネジメントを一度足踏みさせたとも考えられるが，メカニズム研究がある程度蓄積してきた今であれば，そろそろ同一化のマネジメントを再燃させても良い頃だろう．そこで，以降では人事異動の視点から，同一化の既存研究とマネジメントを結び付ける試みを行っていく．

第2章　人事異動と組織的同一化

　本章では，第1章での同一化研究のレビューを受けて，マネジメントの可能性を模索する．とりわけ人事異動に焦点を絞り，異動経験を積んだ従業員の自己概念が，どのように変化していくのかを議論することを目的とする．そのため本章では最初に，従来の人事異動研究が何を明らかにしてきたのかを概観し，どのような異動を経験した従業員がいかに企業に同一化するのかを発展的に議論する．その後，異動経験を通じて従業員は組織アイデンティティに対する認識をどのように修正していくのかを議論する．

1. 人事異動研究の俯瞰

　自部門の利益最大化を目指すライン管理職に対して，人事部門は全体最適を目指し，人事異動は人と職務のマッチングを達成するために行われる1つの手段である（八代，1999）．人事異動は，昇進・昇格というタテの異動と，事業所内・事業所間・出向というヨコの異動に区別されるが，本書では，明記せずに異動という言葉を使う場合はヨコの異動を指すことにする．これまでの人事異動に関する研究は，異動と①能力や技能形成との関係性，あるいはその結果として生じる昇進・昇格との関係性，②モチベーションやコミットメントといった心理変数との関係性，に大きくは分類される．以下この順序で，異動経験が従業員に与える影響について扱っていく．

1-1　異動経験と能力・技能形成との関係

　これまで異動は，幅と間隔の点から議論されることが多かった．まず，異動の幅について，その代表的な研究が知的熟練論（小池，2005）である．知的熟練とは，変化や異常に対処する（技術的な意味での）技能あるいは知識のこと[1]

---

1)　知的熟練論の定義は，小池の著書『仕事の経済学』の中で記されているが，版を重ねるごとに

を指す．ブルーカラーに限って言えば，変化や異常に対処するためには，生産の仕組みを理解することが肝要であり，その理解のために職場内の職務を幅広く経験することが求められる．つまり，知的熟練は OJT（On-the-Job Training）で培われる．この考えはホワイトカラーにも拡張され，幅広い1職能（例えば，広義の経理，人事，営業など）あるいは主＋副職能（例えば，営業10年と人事3年）という経験から知的熟練は形成される．こうした職務経験の幅は，日本企業に特有のものではなく，欧米企業でも共通して見られるものであり，異動により得ることができる（小池・猪木，2002）[2]．ここで言う異動の幅とはキャリアの幅あるいは経験の多様性を表すものであり，端的に言うとどれだけ多くの部署や業務を異動によって経験してきたのかということである．その点から知的熟練論の主張は，軸足をどこかの職能に置くように異動を重ねていくことが環境適応能力を高めるというもののため，異動の幅は広げすぎない方が良いということになる．

　一方，異動をどのくらいの頻度で経験したのかという異動の間隔も重要な意味を持つ．社内での部門間異動が頻繁に行われることで，様々な職務経験が積まれ，エンジニアは専門的知識の獲得と，専門的知識の関連性や共通性から過去の複数職能での経験を統合することができる（Kusunoki & Numagami, 1998）．こうした成果は，従業員個人の経験が多様化するだけで得られるものではなく，複数の職場経験を積む中で社会的ネットワークを広げていくことで，異動をしても情報交換ができる繋がりを形成しているからこそ得られる（cf. Järvi & Uusitalo, 2004）．しかし，青島（2005）は，技術的なアイデア創出にとって部門間異動の幅が重要であることを認めつつも，初期キャリアであまりに間隔の狭い異動を経験させることは技術獲得にはかえって悪影響を及ぼすと言う．この主張は，スキル獲得のための学習と社会的ネットワーク構築には，ある程度の時間が必要だということであり，とりわけ初期キャリアでの職務経験は後々の職務に影響する重要な礎となるため

　　定義が修正されていっている（cf. 小池，1991, 1999, 2005）．どの定義にも共通して見られる特徴としてここでは「変化や異常に対処する（技術的な意味での）技能あるいは知識」と記す．
2)　小池らはキャリアの幅は日欧米で違いはないと述べるが，八代（2011）は日本に比べアメリカとドイツは複数職能型が少なく，単一職能型が圧倒的に多く，日本と欧米ではキャリアの幅が異なると考える．

である（cf. Bandura & Huston, 1961）．異動の間隔が広くなるということは，1つの職務に従事する期間が長くなることを意味し，専門的な知識獲得や職務遂行能力向上が期待されるが，一方で管理職になるには幅広い経験が要求されるため，この観点からは異動間隔は狭い方が望ましい（山本, 1999）．そもそも人事異動の目的には職務経験の多様化が含まれており（Järvi & Uusitalo, 2004），その副次的効果として社会化が促されると言われている．企業や職場に社会化していくためにも一定期間を見積もる必要があり（e.g., Buchanan, 1974），そういった様々な事情を考えると異動間隔は5年程度が望ましいとJärviらは考える．

　異動と管理職昇進の関係について少し触れたが，昇進する従業員は異動歴を評価されているわけではなく，当然だがそこでの職務経験や幅広い（そして深い）知識・スキルを評価されているわけである．異動と昇進の関係を見た研究によると，業種の違いや従業員のバックグラウンドなど様々な要素が絡んでくるため，どういった異動が昇進に効果があると一概には言えないようだ．とは言え，その多様性について簡単に見てみたい．加工組立型製造業の大卒ホワイトカラーを対象にした調査では，経験する異動の種類と昇進の関係を明らかにしている（松繁, 2000）．このとき，異動を①事業所内異動（社内組織の変更を伴う異動と伴わない異動），②事業所間異動，③出向，④過去の職務と類似性の低い職務への異動，に分類している．この調査によれば，係長への昇進には，社内組織を変わる事業所内異動が正の影響を与え，事業所間異動および類似性の低い職務への異動は負の影響を与えていた．同様の異動の分類法を用いた百貨店での調査（原・松繁, 2003）は，学歴の違いによって昇進に影響する異動の種類が異なることを明らかにした．すなわち，高卒・短大卒の従業員には事業所間異動が負の影響を与えており，大卒には事業所内異動が負の影響を与えていた．新井・澤村（2008）は地方公務員を対象にした分析で，部門を超えた幅広い異動をおおよそ3年の間隔で経験すると昇進に繋がりやすいことを示した．また，幅広い異動の中でも，特定の部署への異動がその後のキャリアに関係することも示しており，上位職で求められる知識・能力と異動先での学習内容に関連があるということだろう．

　異動が学習機会を与える施策であることは既に述べた通りである（Ortega,

2001)．職務経験や専門的なスキルを学んでいると言ってしまえば至極単純であるが，企業側が異動にどのような学習を期待しているのかという観点で考えると，その内容に具体性が帯びる．守島（2002）はマネジメント人材を育成するための手段として異動を考えた場合，上記にあるような隣接領域の中で幅広く職務経験を積ませることではなく，よりチャレンジングでマネジメント要素の高い職務を経験させることが重要だと言う．またマネジメント人材の括りの中でも，ロワーとミドルで人事異動による学習内容が異なるという指摘もある（産労総合研究所，2011）．マネジメント人材のロワーはバリューチェーン全体についてある程度の知識と感覚を要求される．その知識と感覚は異動により様々な職務を経験することで獲得される．そのため，年次が若いうちほど，ロワーには部門を超えた幅広い異動を経験させることが重要だと言われる（八代，1999）．他方，ミドルは，過去の職務と類似性の低い職務への異動で，新たなスキルを獲得することを求められる．

　なお，これまで見てきた異動研究は，そのほとんどが男女の違いに着目をせず，従業員に見られる全体傾向を分析していた．ワーク・ライフ・バランスの議論でも明らかなように，男性と女性とでは働き方が異なりうる．そうした違いを受けて企業側が与える異動経験に性差があったとしても不思議ではない．大内（1999，2012）は女性のキャリアに注目した研究の中で，異動パターンに性差が見られること，産休・育休を挟むことでタテの異動に遅れが生じることといったネガティブな側面を指摘しつつも，適切な間隔で異動経験を積むことができれば，それが技能形成を後押しし，所属組織内でのキャリア形成を促すことに繋がるとも述べている．女性に限ったことではないが，企業都合の異動は望ましい結果を生まないということも言われている．これはつまり，本人のキャリアプランを無視し，企業が"勝手に"異動させてしまうことで，その辞令に従業員が納得しない可能性がある（木内，2005）ということだ．ただし異動が本人の意に沿うものであるなら，異動先での職務態度は積極的になり，学習が上手く行われるということも意味している．しかし，男性管理職が多数を占める企業の中でキャリアップを考えようにも，自身のロールモデルとなる人物を探すことが難しい状況で，女性が将来に不安を抱えている事例も確認されている（高田，2013）．こうした女

性たちに対して，企業側が男性と同じようなキャリアプランを想定して人事異動を考えると，思うような効果が得られないことも十分起こりうるということである．

　最後に，異動の議論で幅に関するものを再度取り上げてみたい．知的熟練論では，異動の幅は広すぎない方が良いという主張をしたのに対し，昇進を考えるとある程度の幅を経験させた方が良いという研究も見られた．一貫しない幅の議論であるが，松繁（2000）の分類にある「過去の職務と類似性の低い職務への異動」に焦点を当てて，他の異動と区別して考えたい．平野・内田・鈴木（2008）は過去の職務の補完性の観点から，補完性の低い異動を非連続，高い異動を連続と区別している．そのため，松繁の「過去の職務と類似性の低い職務への異動」は非連続異動ということになる．非連続異動は，1回の経験でキャリアに幅が生まれるのに対し，連続異動は複数回の異動を経て幅が生まれるという特徴を持つ．非連続異動を経験した従業員は，これまでの職務経験が直接的に活用することが難しくなるため，「新たな役割」を期待されていると認識することだろう（Louis, 1980）．新たな職務がこれまでの経験とは別のスキルを要求してくるということは，視点を変えれば異動先の職場で自分の持っている知識・スキルは新鮮なものとして受け止められるということでもある．そのため，既存の知識・スキルを新しい職場で役立てようと努力することで，職務に新たな価値を付加したり，既存の職務の取組み方を一新する可能性も十分ある（平野他，2008）．このように，非連続異動は従業員の創造性を刺激する機会にもなり，試行錯誤の経験が結果として従業員の熟達を促すことにも繋がる（笠井，2011）．

　こうした異動が，先の大内（1999）や木内（2005）の主張にあったように，もし従業員の意思が伴って初めて本来意図した効果が得られるのであれば，異動が従業員のアイデンティティないしは心理面に及ぼす影響を見る必要があるだろう．そこで次に，人事異動と心理変数の関係を見ていくことにする．

1-2　異動と心理変数との関係：仕事モチベーションと組織コミットメント

　人事異動と心理変数の関係でおそらく最も多く調べられているのが，仕事モチベーションであろう．人事異動は従業員に，慣れた職務に代わって新し

い職務を提供するため，惰性を取り払う．そして新しい職務に関心を向けさせ気持ちを新たに職務に臨ませることから，異動者のモチベーションを高める役割を担うとされる（Ortega, 2001）．異動を人材育成施策として見れば，異動者本人の成長に焦点を当てることになるが，その成長を促すのは異動を受け入れる職場の従業員である．この異動者を手放す職場と受け入れる職場それぞれの従業員のモチベーションについて，Campion, Cheraskin, & Stevens（1994）は検討している．彼らによれば，頻繁に異動者を受け入れればそれだけ，受け入れ側のモチベーションは低下する．なぜなら，受け入れ側は，"新人" がある程度ひとりで職務をこなせるようになるまでサポートに回らなくてはならず，そうした従業員がチームに入ってくると余計な職務が増えてしまうなど，本来の自分の職務以上の作業を強いられることで不満を募らせることになる．さらに，異動した当人がモチベーションを高く保って働けるのは異動した直後だけであり，しばらくすると職務にも慣れ，再び惰性で職務をこなす可能性もある上，自分が異動者を受け入れる立場に回ったとき，逆にモチベーションの低下を引き起こす恐れがある．このように考えると，当人の学習期間の問題だけでなく，周囲のモチベーションの点からも異動の間隔は狭すぎない方が企業業績にとっては望ましいということが言える．

　さらに異動は，仕事モチベーションだけでなく組織コミットメントも後押しすることが確認されている．キャリア初期の頃の従業員は将来性を秘めているという意味でヨコとタテの異動の機会に恵まれており（Veiga, 1983），そのため彼ら自身も異動の可能性を認識している．その認識は将来を期待させ，ヨコとタテの異動を望む従業員の場合，これから先長く関わり続ける企業に対してますますコミットするようになる（Ladau & Hammer, 1986）．そして，異動経験は新しい職務を覚える成長機会になるため，職務満足を感じやすく，また慣れない職務をするため役割期待から一時的に解放され，職務ストレスも低下することになる．そうした居心地の良い環境を提供してくれる企業に従業員はコミットするようになる（Ho et al., 2009）．また，昇進というタテの異動は，社内での地位向上に伴う強い権限を与えられるだけでなく，周囲からの期待や重い責任のある職務も与えられ，それに見合った給与も支払われる．従業員はこうした様々な報酬を受け取ることで，その企業

に愛着を抱いて留まろうとし，組織コミットメントが高まっていく（Grusky, 1966）．他にも，異動を通じて多くの職務経験を積んでいくことによって，（その職務が企業特殊的であるほど）その企業を離職して他社に移ることで無駄になる経験が多くなる．このサンクコストの知覚が，企業を離れないという選択をさせ，組織コミットメントの高まりを後押しする．

　異動との関わりで論じられる代表的な心理変数は，仕事モチベーションと組織コミットメントの2つであるが，どちらも職務態度で括られる概念である．異動経験が職務態度をどう変えていくのかと言う点についての議論もされてきたが，既に述べたように異動というのは様々な施策の束を指し，かつ時間の流れを含む取組みである．そのため，異動を通じて従業員は，企業や職務に社会化したり，職務で多くの成功体験を積み重ねたり，対人関係・社会的ネットワークを広く構築したり，と多くを学んでいく．この時間の流れに反比例するように，将来の昇進可能性は新人の頃ほどには高くなっていき，キャリアの幅も絞られていく．この過去の蓄積と将来の間で従業員の態度は大きく変化すると若林（2006）は考える．この過去と将来のバランスで考える視点は，Louis（1980）にも当てはまり，人は異動の辞令を言い渡されたとき，新しい職務・役割に何らかの期待を持って臨む．しかし，実際には毎回その期待通りの経験が待っていることは少なく，理想と現実の乖離が生まれる．その乖離を意味形成という過程で埋め（つまり，自分なりに納得のいく解釈をする），環境そのものではなく，そうした環境の解釈が行動や態度の変化を引き起こすことになる．Louis の主張にあるように，異動は従業員に色々なことを考えさせる．その異動が公平に行われたのかという点でも異動者は考えることになる．例えば，企業が女性よりも男性を優遇して重要な職務に就かせていたり，国籍や人種でそのような不公平さが見られたりした場合，その企業が行う人事異動やその他人事施策が従業員の職務態度に負の影響を与える（McElroy, Morrow, & Mullen, 1996）．これらのことから，企業がたとえ“適切”な手続きを踏んで人事異動を実施していたとしても，従業員がその取組みや異動先での職務をどう認識するのか，新しい職場で何を学ぶのかで職務態度は少しずつ形成ないしは修正されていくようだ．

　改めて，本書の追いかけるテーマは従業員の同一化である．異動経験と従

業員のアイデンティティの関係性を考えていきたいのだが，その直接的な議論はこれまでの研究にはなかった．そもそも，アイデンティティと人事異動の関係性に言及している研究は僅かであるが，London（1983）はその1つに数えられる．彼は異動を経験するとキャリア・モチベーションが変化すると考えた．キャリア・モチベーションという概念は，①その人が自分自身のキャリアについてどれだけ現実的な認識を持っているかを表す「キャリア・インサイト」，②自分のアイデンティティにとって職務上のキャリア発達がどれだけ重要であるかを示す「キャリア・アイデンティティ」，③望ましくない環境の中で，どのように環境変化に抗い，キャリア発達をさせていくかを示す「キャリア・レジリエンス」，この3つの下位概念から構成される．この内，キャリア・アイデンティティは仕事関連のアイデンティティに含まれる概念だと考えられる．キャリア・モチベーションが人事異動の経験によって変化するということは，キャリア・アイデンティティも変化するということになる．しかし，London（1983）では具体的にどういった異動が，どういうプロセスでアイデンティティを変化させるのかという踏み込んだ議論はしておらず，異動とアイデンティティの間に関係が見られる1つの証拠に留まる．

　ここまで見てきたように，現状の人事異動研究では，異動経験が従業員のアイデンティティに及ぼす影響について十分に議論するには至っていないようだ．そこで次からは，上述の人事異動研究から得られた知見と，同一化研究から得られた知見の統合を図り，マネジメントの可能性について模索していきたい．

2. 人事異動の持つ可能性
2-1　異動経験と組織的同一化
2-1-1　自己証明戦略
　我々は普段，自己概念を受け入れる環境を求め，あるいは求めてくれるように周囲に働きかける（Swann & Read, 1981）．その理由に，我々が自己決定感をとても大事にするということが挙げられる．この自己決定感とは，自分が環境をコントロールし，何者にも拘束されず自発的に行動しているとい

う感覚を指す（碓井，1992）．自己決定感を強く持てる状況とは，つまるところ周囲がその人の考えや行動を尊重しているということであり，当人は自分が受け入れられていると感じる．そのため，今現在関わりのある人や将来深く関わりそうな人に対して「ありのままの自分」を受け入れてもらうための行動（自己証明行動）を取るようになる（Swann, Stephenson, & Pittman, 1981）．

　この自己証明は①情報探索，②情報抽出，③情報想起の３つのステップを踏むことが知られている．第１に，人は自己概念を周囲に支持してもらおうとする．例えば，「私は社交性がなく，友達が少ない」と思っているような否定的な自己概念を抱える人は，周りからそんな自分を否定してもらいたい，好意的に評価してもらいたいと行動するわけではなく，周囲にもそんな否定的な一面を支持してもらうように情報を求める傾向にある．つまり，人は自分についての認識（自己概念）が肯定的であろうと否定的であろうと，正しいと証明してくれる情報を集めようとする．このとき，情報の集め方は，直接的に周囲の人に尋ねる方法と，間接的に二次データや「知人の知人」から情報を収集する方法，この２つがある．特に自己決定感が低い人は，直接的に自分の考えを支持してくれるような情報を集める傾向が強く，それによって自己証明を図ろうとする．しかし，この段階での情報収集には積極性はあまりなく，自己概念を支持してくれる情報をただただ集めてくる段階である．第２段階では，積極的に自己概念を支持するよう周囲に働きかけるようになる．ここでは直接的にコミュニケーションを取れる相手を前提としており，周囲から自己証明的な言葉や行動を引き出そうとする．そして第３段階に，ある程度多くの自己証明的な情報を獲得できると，自己概念を証明しうる情報を意図的に想起するようになる．つまり，自分にとって都合の良い情報だけを意図的に繰り返し思い出すことによって，自分が周囲から受け入れられ，自己決定感が強いと思おうとする．

　しかし，こうした自己証明戦略が失敗する，つまり周囲が自己概念を支持しないことも当然起こりうる．そんな状況に直面したとき，人は３つの対応を取る（Swann & Read, 1981）．ⓐ自己概念を認めない"脅威"に対して抵抗するべく，これまで通りの自己証明戦略を強める．そして自己概念を支持

してくれる情報を集める行動を続ける。ⓑそれでも上手く自己証明ができない場合は、これまでと違った方法で自己証明を試みる。例えば、直接的に周囲に働きかけていた人であれば、二次データに頼るようになったり、全く別の人から賛同を得ようとしたりする。要するに、この2つの方法はどちらも現在の自己概念を変えずに済むように環境への抵抗を示すものである。しかし、ⓒ抵抗が上手くいかないと判断した場合、周囲の声に耳を傾け、自己概念を修正することになる。

　この自己証明戦略と呼ばれる自己概念を維持しようとする行動は、基本的に個人から周囲への働きかけという一方向のベクトルで考えられている。自己概念には「私はこの会社・職場の一員」といった社会的アイデンティティも含まれており、自分の思う社会的アイデンティティを証明しようと同僚に働きかけることもまた自己証明戦略である。このとき、その同僚も同じく自分に対して自己証明行動を取ろうとし、組織アイデンティティのような共有物の場合、相互に自分の認識に相手を賛同させようとする。こうした"交渉"の結果、自己概念の証明が上手くいくとその集団へ同一化するようになる（Swann, Milton, & Polzer, 2000）。組織アイデンティティを例にとると、「我が社とは何者なのか」という問いへの自分なりの答えを周囲にも支持してもらおうとするのが自己証明行動であり、交渉を通じてそれを周囲から支持されると、所属企業のことを居心地の良い空間だと感じられるので、企業と自己の結びつきを強く認識し、組織的同一化が発達する。

　自己証明戦略のほとんどは実験や小集団で研究されてきたものだが、Swann, Johnson, & Bosson（2009）は企業の現場で検討している。小集団と企業で大きく異なる特徴は、企業には上司－部下のような上下関係が存在し、地位はパワーを発生させるということである。企業・職務に対する部下の捉え方を上司が改めさせるような場面はよくあるだろうが、部下はこの要求を呑まざるを得ず、部下にとっては自己証明行動が失敗することになる。なぜ部下は上司の働きかけを受け入れなくてはいけないかと言うと、単純に企業に雇用されている身として上司の意見に従わないと企業との関係を拒むことにも繋がりかねないと判断してしまうことや、上司の方が部下よりも企業のプロトタイプ性が高く（規範を遵守しており）、上司に逆らうことは企業の

規範に背くことにも感じられるからである（cf. Turner et al., 1987）.

　また，上司は日々の職務を通じて企業からの期待を部下・新入社員に伝え，人材育成施策や組織社会化といった公式・非公式の訓練を通じて企業の価値観・態度を学ばせる. こうした経験の蓄積が，部下の自己概念（社会的アイデンティティ）を上司のそれに近づけていき，他の同僚たちとも類似していくようになる. 周囲と同じような考え方を身につけることによって，この職場あるいはこの環境では現在の自己概念を保つことができる，という状態になる. 言葉を変えれば，自己証明に成功する環境というのは，個人から見て「みんな，自分とどこか似ている」と思える人たちの集まりであり，そうした集団には自分を重ね合わせやすい.

2-1-2　異動と組織的同一化

　自己証明を軸に同一化を考えると，同一化の目的は自己概念の維持だとも言える. 先のレビュー（第1章「2-1-2　近年の研究の潮流」）の中でも触れたが，自尊心の高まりを期待して人は企業や集団と同一化する. 自己概念を否定されると自尊心を傷つけられる恐れがある. 翻って，自己証明を成功させる状況は自尊心を高めるとも考えられる. なお，通常，我々が口にする"自尊心"は自己への評価，とりわけ肯定的評価を指すが，厳密には個人的自尊心（personal self-esteem）と呼ぶ. 個人的アイデンティティに対応したものである. 対して，社会的アイデンティティに対応した自尊心を集団的自尊心（collective self-esteem）と呼び，「社会的アイデンティティに対する自己評価」のことを指す（Luhtanen & Crocker, 1992; Rohall et al., 2014）. 極めて簡潔な例で違いを述べると「私はこの会社を支えている」という評価は個人的自尊心であり，「我が社は社会を支えている」という評価は集団的自尊心になる. 仕事関連のアイデンティティが職務経験を通じて形成されると，人は所属集団に対して内集団バイアスが働くことで肯定的に評価しようとし，集団的自尊心は高まっていく.

　これを異動との関わりで考えてみよう. 例えば，営業部から経理部への部門を跨ぐ異動をした際，今までとは全く別の職務をすることになるため，職業的アイデンティティは新たに形成することになり，また職場や部門も変更

になるため，職場アイデンティティや部門アイデンティティも一新すること
になる．とはいっても，同じ企業の中で異動をしているため，職務の変更は
企業について多角的に知る機会になり，組織アイデンティティは新しい環境
でもリセットされることなく累積的に構築されていくだろう．このように，
異動の種類によって，どのアイデンティティが真っ新な状態から形成しはじ
めなくてはならないか，どのアイデンティティが継続的に構築できるかが異
なってくると予想される．言い換えると，組織アイデンティティのような累
積的に構築できるアイデンティティは，引き続き内集団バイアスが働くため
再構築が必要になるアイデンティティ（例：職場アイデンティティ）に比べ
て集団的自尊心は高まりやすいと考えられる．そして，人にはそもそも個人
的自尊心を高めたいという欲求（自己高揚動機）があることから，高い評価
を得ている集団に自らを重ね（同一化），その集団の一員だと強く思うこと
によって個人的自尊心を高めようとする．

　その個人的自尊心と人事異動を直接に絡めると，集団的自尊心とは違った
ものが見えてくる．自己評価には，自分には何ができるのか（自己効力感）
という意識が関わってくる（Gecas & Schwalbe, 1986）．異動をして慣れな
い職務を始めると，失敗が続いたり，周りに迷惑をかけていると感じる場面
が多々出てくる．そうすると自己効力感が一時的に低下してしまい，併せて
個人的自尊心も下がってしまう（cf. 水野，2013）．そこで再び個人的自尊心
を高めようと仕事モチベーションが高められたり，周りに認めてもらおうと
する気持ちが自己証明行動に繋がったりする．このように自分の立場を確立
する目的で，周囲への働きかけが生じるという一連の交渉は，異動を受け入
れたり，異動を経験したりする度になされる．自己証明という個人的自尊心
を高める過程で，その集団に馴染んでいき，そして同一化もしていくと考え
られる．

　以上，2つの自尊心と同一化の関係を総合すると，異動経験が何らかの同
一化を後押しすることが分かる．異動を上手く経験させ企業に同一化させよ
うとしても，従業員個人の行動に反映されなければ，マネジメントの意に反
する．この顕現性について，どの仕事関連のアイデンティティが今の状況に
相応しいかという観点で評価し，行動に反映されると，第1章「3-3　アイ

デンティティの顕現性」で述べた．同一化は1か0かではなく，程度の議論である．例えば，様々な部門を転々としている従業員が企業には非常に強く同一化しているが，部門や職場にはあまり同一化していないという状態だとしよう．そのようなとき，彼・彼女は，心理的に部門や職場ではなく，企業の側に立って評価しやすい．したがって，組織アイデンティティが顕現しやすくなる．このように自分の中に抱えている様々なアイデンティティを比較可能な形で頭の中に並べて，相対的に一番強く同一化しているものを顕現させる（Ethier & Deaux, 1994）．

　従業員にとって現在所属している職場，部署，部門，はどれも内集団である．理論的にはその他は外集団となるが，異動によって職場を移った場合，過去に所属した職場も自己概念の一部を形成しており，現在は所属していなくても変わらず内集団であり続ける．要するに，「これまでに経理と総務を経験してきたからこそ，現在の人事の職務に生きている」といったように，異動はむしろ内集団を増やす施策だとも考えられる．このように振り返ってみれば異動は内集団が増える取組みだが，辞令が出た直後は外集団の中に入って行けと言い渡す行為でもある．現部署に強く同一化していればそれだけ，異動への抵抗感は大きくなるだろうが，どうやってこの個人の中のコンフリクトを解消しているのだろうか．この問題は，第1章で既に取り上げた共通内集団アイデンティティモデル（Gaertner & Dovidio, 2005）で説明がつく．営業部に強く同一化している従業員が経理部に異動になり，新しい職場に対する偏見や不安を強く意識するのは，現時点で部門アイデンティティが意識に上っているからである．組織アイデンティティという上位カテゴリーを顕現させることで，「同じ企業の異なる部署」という捉え方になり，これまでの偏見は緩和される．このように何らかの折り合いをつけて新たな職場に対する準備をしていくのだろう．

2-1-3　非連続異動と連続異動

　ここで1つ，これまでの議論の前提となるものについて触れておきたい．それはこの章でこれまで用いてきた"異動"は暗に非連続的なものを想定してきたということである．非連続と連続の違いによる効果を区別するために，

66 第Ⅰ部 先行研究レビュー

ここで本書における非連続異動を「部門横断的な異動」と定義し[3]，それ以外を連続異動と定義しておきたい．異動先の職務で，過去に蓄積した知識やスキルは利用可能なことが多く（八代，1993），そういった近接領域への異動は連続的ということになる．そのため，従業員が連続異動をしても，過去の経験を活かしてすぐに新しい職務に適応することが予想されるため，個人的自尊心はあまり下がらない可能性がある．また先ほどの，異動を繰り返すことで組織的同一化への正の影響が期待でき，さらに組織アイデンティティが顕現するという論は，部門を跨いで継続的に構築し続けるのが組織アイデンティティのみと想定してのことである．連続異動では，より低次元の部門アイデンティティも継続的に維持される可能性がある．企業にも部門にも同程度同一化した場合，より強く意識できるのは近位で具体的な方である．すなわち，部門アイデンティティを意識して職務に取り組むことになるだろう．

2-1-4 異動と昇進

従来，多くの研究で異動の回数と昇進・昇格の関係が着目されてきた．服部（2012）曰く，昇進にあたって従業員は個人的自尊心を問い直す．例えば，管理職に昇進する人はしばしば，「我が社にとって自分はどのような役割を担っているのか」「この企業のために自分はどんな貢献ができるのか」と自問する．この答えにあたるのが個人的自尊心そのものであり，その背後には集団的自尊心が隠れている．つまり，自分が身を粉にして働くに値する企業だと評価するからこその自問自答である．このとき "企業" というカテゴリーは変わらず自分の中に存在するが，階層の違いで求められる役割が異なり，そのため形成する組織アイデンティティの内容が変化することから（Corley, 2004），ロワーの頃は抽象的で掴みづらかった "我が社" という存在も，ミドルへと昇進することで段々と具体性を帯びた存在へと変わっていく．それは，職務に管理的要素が含まれるために，常に企業というカテゴ

---

3) 従来の非連続異動の定義を振り返ると，平野他（2008）は過去の職務の補完性の低い異動を指した．この定義では，経理から人事に異動した人が再び経理に戻った場合，連続異動ということになる．本書では，組織アイデンティティを顕現させるカギとなる施策が非連続異動だと考えており，それに必要最低限の条件を付加した異動を非連続とするため，このような "出戻り" も非連続として捉える．

リーやそのプロトタイプ性を意識しなくてはいけない立場ということが大きく関わってくる.

　この企業のプロトタイプ性はリーダーシップの必要条件の1つにも数えられる（Hogg, 2001; 坂田・藤本・高口，2005）．考えてみれば当然のことで，部下は上司のことをお手本として見ている部分もあり，逆に模範たり得ない上司に付き従う部下はいないだろう．企業のプロトタイプ性は組織的同一化によって得られる（Hogg & Abrams, 1988）．プロトタイプ性を備えているか否かは周囲に受け入れられているかどうかの知覚に関わり，個人的自尊心にも影響を与えかねないものである．そして，人が集団に同一化する目的として個人的自尊心を高めることが挙げられる．したがって，集団に同一化している人は，さらにプロトタイプ性を備えることで，より自尊心の高まりを感じることから，その集団でどのような行動・態度が規範的とされるのかを意識するようになる．このようなロジックで組織的同一化がプロトタイプ性の獲得を促すわけである．昇進した従業員は，かつての上司のように自分もリーダーシップを発揮するために，企業と自身の繋がりを意識することになる．部下にとっての模範的な行動は一朝一夕で身につけられるものではないため，徐々にリーダーシップを上手く発揮できる状態にしていくことになる．

　また，異動を複数回経ることで昇進できるわけではなく，そのための試験を受けられるようになる．その場合，実際には，試験に受からなかったとしても，受験経験が自己概念を修正するきっかけになる可能性もある．あるいは受験時に自身のキャリアを振り返ったり，先々のキャリアを考えたりする機会にもなるだろう．そういった異動経験から自身の将来の可能性を感じ取り，企業との心理的な距離感を測り直すことは，先述の異動経験と組織コミットメントの関係性にも符合するところがある．

2-2　異動経験と共有

　ここで改めて，組織的同一化研究の意義について触れておきたい．これまで多くの研究者は，従業員が企業に同一化すると，その企業のために行動するようになること，つまりは企業の発展に同一化が貢献することを重ねて主張してきた．この主張の土台には社会的アイデンティティアプローチがある．

68 第Ⅰ部 先行研究レビュー

この理論は前提なしに成立する議論なのだろうか．神らの一連の研究は，その前提について指摘している（神・山岸，1997; 神・山岸・清成，1996）．当理論は，初対面の人を集めてきて無作為にグルーピングしても内集団バイアスは発生することを明らかにした最少条件集団パラダイムが基礎にある．この再現実験の中で，「あなたは誰が同じグループか知っているが，他の人は誰と同じグループか知らされていない」という情報を加えると参加者の行動に変化が起きるのかを見ている．その結果，協力行動は確認されなくなった．要は，お互いに仲間であり，認識を共有していると知っていることが協力行動には必要だということになる．この知見を基礎に考えると，「誰も私のことを受け入れてくれないが，私は歴としたこの会社の一員だ」という一匹狼は，いくら企業に同一化しようとも協力行動や企業が望む行動には結びつかないことになる．このことから，従業員が組織アイデンティティを認識して企業あるいは周囲に対してポジティブな行動を取るためには，その組織アイデンティティを周りとある程度共有できているという認識を持たなくてはならないということである．

　前章でも扱ったように，本書で取り上げる組織アイデンティティは主観・間主観・中核の3層構造を成す．主観から中核への深化は周囲との共有に依り，したがって，中核を認識し，そこに同一化するとき，企業にとって望ましい行動が引き出されると思われる．組織アイデンティティは企業次元のため，デスク周りや部門内で共有されている程度では共有の度合いが十分ではなく，仮に別の部門の人とコミュニケーションをとった際に明らかな認識の違いを感じ取ったとしたら，それまで当然視してきた自分の組織アイデンティティに疑問を抱くことも考えられ，あるいはその相手を否定することもあるだろう（e.g., Doosje et al., 1995; Marques & Yzerbyt, 1988; Marques et al., 1988）．そのため，理論的には「うちの人ならみんな，我が社のことをこういう風に考えている」と組織アイデンティティを全社レベルで共有することも有り得，そうした中核を認識させる支援をここでは人事異動に求めたい．

2-2-1　共有とは

このような共有に関する研究は，共有的認知（shared cognition：Swaab

et al., 2007）が広く知られる．この概念は色々な共有を全て一括りに"共有的認知"と呼んでおり，もう少し詳細にその共有の対象を見ると，①特定タスクの知識，②タスク関連の知識，③チームメンバー（同僚）に関する知識，④態度・信念，これら4つに分類することができる（cf. Cannon-Bowers & Salas, 2001）．本書における共有は，組織アイデンティティや職場アイデンティティといったものを対象とするため，④の態度・信念に含まれる．態度・信念の共有は，共有的認知に含まれるが別の名前がついていて，認知的合意（cognitive consensus：Combe & Carrington, 2015; Mohammed, 2001）と呼ばれている．これは，「主要な問題の定義や概念化の方法について従業員間で類似していること」と定義され，3つの段階を踏んで合意に至ると考えられている（Mohammed & Dumville, 2001; Mohammed & Ringseis, 2001）．そのプロセスとは，第1に集団メンバーの間で互いに問題についての解釈の仕方やその前提とする考え方が違うことを認識し，次に，どうして自分と考え方が異なるのか，その各人の根拠を知ろうとする．その根拠の妥当性を理解したら，考え方の多様性を徐々に受け入れるようになる．最後に，メンバー同士のコミュニケーションを続けていくことで，個人の認知構造を変化させていく．

　以上のように認知的合意では態度・信念の共有を扱うが，とりわけその2つに先立つ"前提"の共有が大事だと考えている（Mohammed, 2001）．この場合，前提とは状況を認識するための基礎を指し，企業に状況を限定すると，この前提に当てはまるものは組織アイデンティティや企業文化，経営理念といったものになるだろう．実際，上記3つの段階は組織アイデンティティでも次のように説明することができる．①異動の辞令が出た当初は業務の性格の違いから，異動先で上手くやれるか不安を抱く．②実際に働いてみて確かに違和感も多く感じるが，なぜ彼らが今までの職場とこうも考え方が違うのかを考え，少しずつ新しい職場での考え方も受け入れられるようになる．③次第にどちらの部門も理解できるようになると，両者に共通する考え方も次第に見えてくる．しかし，本書で言うところの組織アイデンティティの間主観的と中核的なレベル，どちらもある限定された集団においては同様に共有された状態を指す．そのため，現状の認知的合意の議論では「企業的

70 第 I 部 先行研究レビュー

な望ましさ」という視点で共有を扱うことが難しい.

また,認知的合意では「定義・概念化の方法が類似していること」を共有と捉えており,これは共有に本人の自覚を必要としないことになる.無自覚の共有は,周囲に対する貢献行動を引き起こさないことが神・山岸（1997）の実験から既に予想されている.したがって,自覚を伴った共有が求められるため,そもそも共有とは何かという点にも触れつつ,この問題に答えたい.

Yaniv（2004）によれば,人は元来他人から得られる情報よりも自分自身の意見・考えを信じる傾向にある.人が"共有"の感覚を持つときも同様の傾向は見られ,自分の考えが他の人にも当てはまると思うことで共有を認識する.これは社会的投射研究の主張であり,特に人は内集団に自分との類似性を期待するが,外集団に対してはほとんど期待しないことが知られている（Clement & Krueger, 2002; Krueger & Zeiger, 1993; Smith & Henry, 1996）.日常的な場面で「君も同郷なら分かるだろう」と同意を求められることは,正に投射である.このとき,他県の出身者には同意を求めず,同郷かどうかでハッキリと態度を変える.この内集団と外集団に対する非対称的な投射は,集団への同一化が強ければ強いほどより一層態度が明確になると言われている.つまり,集団に同一化すると一体感が醸成され,他のメンバーも同じ集団の一員であるため,自分と同じような認識をするはずだと考えるわけである.そして「同郷の人はみんな優しくて温かい.けれど,東京の人はどこか冷たい」と内集団が際立つように外集団との比較を行い,そして内集団には自分の抱いているイメージや認識が当てはまると期待する（Cadinu & Rothbart, 1996; Otten & Wentura, 2001）.

2-2-2 企業における望ましい共有とは

組織アイデンティティでもこの話は当てはまる.しかし,「企業的な望ましさ」の観点から共有を考えると,単に企業に同一化しているだけでは不十分である.なぜなら,組織的同一化によって投射は行われるが,偏った見方を周囲に期待しても,職場や部門の垣根を超えるとすぐに期待が裏切られるからである.そのため,組織アイデンティティの中核を認識することが求められるが,これもまた共有の議論であった.混乱を避けるため,ここで一度

整理したい．組織アイデンティティの中核は社内の多くの人と認識を共有して初めて気づきに至る．これは先ほど，認知的合意という視点を用いて，実際の経験として多くの人とコミュニケーションを取ったり，多くの時間を共に過ごしたりすることの重要性を説いた．しかし，共有できていてもそのことに無自覚であれば，行動に良い影響が及ぼされない．したがって，共有を自覚してもらう必要があり，そのために社会的投射を持ち出し説明してきた．結果として，同一化が発達することで，共有の自覚は得られることが分かった．すなわち，企業にとって望ましい行動を取るには，組織アイデンティティの中核を認識する必要がある．

　では，どうしたら従業員に中核を認識させられるのだろうか．Swann の自己証明戦略によれば，企業の中で上司やベテラン社員といった自分よりも明らかに立場が上の人との間で企業に対する捉え方の違いを感じ取ると，その従業員は自らの認識を修正する．それは，根本的に企業についての考え方を改めるという意味ではなく，見方を少し変えるといった表層的な部分に留まる修正である．なぜなら，表面的な違いは認識されたとしても，本来深層部分では互いに共通したものを持っているはずだからである．その後も繰り返し多くの人とのコミュニケーションを取っていくと，自身の企業観を支持されることもあるだろうし，修正を求められることもあるだろう．幾度となく考え方を修正する経験を重ねていくと，次第にどの職場でもこの考え方は大事にしているなとか，みんな同じような考え方を違う言葉で言っているだけだなといった共通点が浮かび上がってくる．そういったどの職場に異動しても一貫して持ち続けていられる特徴を見出すことができれば，それが中核ということになる．

　組織アイデンティティは自分の職務経験の中から直接的に形成することもあるが，周りの人たちから支援を受けた経験（ソーシャルサポート）から間接的に伝えられることもある（Podolny & Baron, 1997）．職務に必要なスキルや情報を提供すること（道具的なサポート）を通じて考え方を学ぶこともあるだろうし，職務の中で感じる不安や悩みについて相談に乗ったり支えたりすること（情緒的サポート）でその行動の背後にある考え方を学ぶこともあるだろう．このとき，周囲のサポートから上手く学べるかどうかには同一

化が大きく関わってくることが知られている（Haslam et al., 2009; Haslam et al., 2005）．なぜなら，人が企業や職場に同一化すると自身をその集団の一員であると認め，同時にサポートしてくれる他者を "仲間"（内集団メンバー）だと見なすようになるからである．つまり，信頼できない人からのサポートは嬉しくとも素直にその厚意を受け取ることはできないが，信頼のおける人（内集団メンバー）からであれば受け取れ，学びにつなげられるということである．当然ながら，サポートは人を通じて提供されるものである．したがって，社内のネットワークが広ければ広いほど，サポートを受ける可能性は高まる．しかし，人は自分の意識している社会的アイデンティティの範囲内でしか自らネットワークを構築しようとしない．かつ，そのネットワークの範囲で社会的アイデンティティの境界を引こうとする（Ibarra & Smith-Lovin, 1997）．そのため，企業がネットワークを広げる機会を提供しなければ，従業員自身が広くネットワークを構築することは難しく，組織アイデンティティの共有の範囲を広げていく機会も減ってしまうだろう．

2-2-3 望ましい人事異動とは

　以上のことから，人事異動は従業員のネットワーク拡大に貢献し，それが多くの人とのコミュニケーションを可能にすることで，組織アイデンティティの共有ができ，中には中核を認識するに至る従業員も出てくると考えられる．理想は従業員に企業内の数多くの職務を経験させることだが，企業内キャリアで従業員が経験する職能の数は，多くの従業員がただ１つであり，全従業員の３割程度が複数を経験することから（八代，2011），上記の議論を実現させる異動の内容を吟味する必要がある．

　さらに連続・非連続の異動の観点からすれば，より多様な組織アイデンティティに接する可能性がありネットワークも幅広く構築できるであろう非連続異動が望ましいと思われる．上述の異動は主にヨコに限ったものであったが，タテの異動も考慮に入れると，タテはヨコの異動の結果だとする研究もあり，特に連続異動が昇進に影響すると言われる．タテの異動の前に，ヨコの異動でどれだけ組織アイデンティティの比較を行えていたかが基礎となり，それが後に影響すると思われる．それは，階層が上がることで同調圧力

が弱まり，かつ水平関係でコミュニケーションを取る機会や比較対象も減り，認識を改める機会はロワーの頃に比べると少なくなるからである．したがって，仮に特定の部門内で連続異動を繰り返したとしても，その部門特有の考え方を身に着ける段階に留まり，その状態で後に昇進したとしても，非連続異動を経て幅広く組織アイデンティティを比較・修正している従業員に比べると，その行動は企業にとって部分最適的なものとなってしまうことだろう．あるいは，先のCorley（2004）のように，階層ごとに異なる組織アイデンティティを形成すると考えたとしても，ロワーとミドルの組織アイデンティティは基本的に連続性を持つもので，ロワー時代に形成したものをミドルでその立場にあった内容に部分的に修正したものにすぎない．そのため，やはりヨコの異動が大きな意味を持つことになる．

3. 本書の課題の深化

　本章では，人事異動研究を俯瞰し，そこから同一化と組織アイデンティティ形成のマネジメントを検討してきた．この人事異動研究と組織的同一化研究という2つの領域を統合することにより，当初想定していた3つの課題は具体性を増し，明らかにすべき点がよりクリアになってきた．本書が追いかけている課題を再度提示すると，①異動経験が組織的同一化に与える影響を検討すること，②職務経験の中から多重アイデンティティを形成・顕現するメカニズムを明らかにすること，そして③アイデンティティの意味形成とそのマネジメントの検討をすることだった．本章では，一貫して異動経験による影響について議論を重ねており，そこに多重アイデンティティや，組織アイデンティティの構造といった複数の視点を持ち込んできた．本節ではとりわけ，本書の第2と第3の課題に関わる，アイデンティティコンフリクト，顕現性，企業の意図と組織アイデンティティ形成の相互作用について順に掘り下げ，以降の章への橋渡しとしたい．

3-1　アイデンティティコンフリクト

　職務の中で多重アイデンティティを抱えることによってコンフリクトが生じることはこれまでも何度か触れてきた．仕事関連のアイデンティティに関

わるコンフリクトは，アイデンティティ間コンフリクトとアイデンティティ内コンフリクトに大別することができる．第1に，アイデンティティ間コンフリクトとは，様々な仕事関連のアイデンティティを自己概念に含んでいくにつれて，自分の中で葛藤が生じることを指す．入社当初，自分は専門職として生きていくと心に決めて職業的アイデンティティを顕現させて働いていたが，次第に企業に同一化していくことで自分の中に「企業人として生きるのか，専門職として生きるのか」という葛藤が生まれる，といった状況も1つの例である．あるいは，ある従業員が社外で職務を遂行するとき，他社の人はその従業員のことをあたかも企業の代表であるかのように接する（つまり組織アイデンティティが顕現した態度を求めてくる）一方で，同僚は専門的なアドバイスを求めてくる場合（つまり職業的アイデンティティが顕現した態度を求めてくる場合），コンフリクトに陥る可能性もある．これらは，役割コンフリクトと同じように，複数のアイデンティティを同時に顕現させることができないために生じてしまうと言える（図2-1）．

　第2に，アイデンティティ内コンフリクトである．異なる社会的アイデンティティの間でコンフリクトが生じるなら，同じアイデンティティの中でコンフリクトが生じることもあるだろう．過去の研究によれば，組織アイデンティティは社内のポジションや職務の違いによって異なった認識のされ方をする（Corley, 2004; Foreman & Whetten, 2002; Glynn, 2000）．そのため，昇進したり職務内容が大きく変わったりすると，同じ"組織アイデンティティ"であるにもかかわらず，異なる内容のものを自分の中に作り上げる可能性がある．例えば，異動直後の従業員が「以前の職場では企業のことをこんな風には捉えていなかった」と新しい環境での組織アイデンティティに戸惑いを覚えることもあるだろう．つまり，新しい環境に落ち着くまで，組織アイデンティティの新旧が頭の中に混在し，十分に納得のいかない気持ちの悪い状態で何とか職務をこなす期間が続くかもしれない．このように，過去から現在のアイデンティティにシフトする過程で一時的にコンフリクトに陥ると考えられる．言い換えると，新しい環境で周囲から受け入れられていく過程でコンフリクトが生じるのではないかと考えられる（図2-2）．

　このことから，人事異動によって新しい役割が次々に付与されていき，役

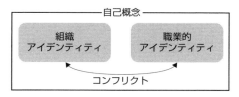

図2-1　アイデンティティ間コンフリクト

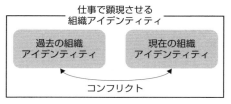

図2-2　アイデンティティ内コンフリクト

割コンフリクトが生じる余地を与えたり，従業員が過去の経験を買われて異動する場合には，その経験に対する周囲からの期待と本人の自己証明の間での不一致がコンフリクトを引き起こすことも考えられる．表現を変えれば，異動経験によって確かにスキルや職務経験は多様化し，それによる成長を期待することは大いにできるが，その一方で従業員個人の中で折り合いを付けなくてはいけない機会も増えてしまう．

単純に考えると，異動経験はアイデンティティ間のコンフリクトを引き起こすという問題を抱える施策となるが，同時に異動経験が組織アイデンティティの中核を認識させるための機会を提供することにも注目すると，結果的にはコンフリクトを抑える方向に向くのかもしれない．つまり，「要するに，我が社の根っこの考え方はこういうものだ」という中核が頭にあれば，周囲から一見矛盾するような役割を期待されたとしても，葛藤を覚えることなく適切な行動を使い分けることができることだろう．それが可能になるのは，仕事関連のアイデンティティの中で最も包括的な位置にある組織アイデンティティであり（cf. Ashforth & Johnson, 2001），その中核が仕事関連のアイデンティティに共通する要素だからである．実際，Pratt & Foreman (2000) も言うように，組織アイデンティティ，部門アイデンティティ，職場アイデンティティなどが相互に関連づけられて認識されていれば，そのア

イデンティティ間でコンフリクトは抑制される．その相互の橋渡しをするのが組織アイデンティティの中核と考えると理解しやすいだろう．

ただし，初期キャリア段階の従業員や異動経験が一度しかないような従業員に組織アイデンティティの中核を認識させることは難しく，ある程度の時間や職務経験が必要となる．そのため，キャリアが比較的浅いうちは上記のコンフリクトを抑制することは難しいかもしれない．このコンフリクトの問題は，従来明らかにされてきた同一化を引き起こす要因がどれだけ直接的な影響力を持つか不明確にさせるものだとも言える．なぜなら，これまでの研究が多重アイデンティティを前提とせず，さらにコンフリクト状態を考慮に入れずに議論をしてきたためである．そのため，コンフリクトがどのようなときに生じるのか，どのように解消されているのかについて議論する必要性はあるだろう．

3-2 顕現性の時間的問題

さて，多重アイデンティティによるコンフリクトの解消時に訪れるのが，選択の問題である．すなわち，コンフリクトとはその状況に相応しいアイデンティティを1つに決めるまでの間に陥る状態だということである．複数ある仕事関連のアイデンティティの中でどれを"適切"なものとして顕現させるのか，その評価をするには職場環境や自身の役割について学ぶ時間が必要であろう．しかし，常に何らかのアイデンティティを顕現させていなくてはならないため，評価している間は場合によっては"不適切な"アイデンティティを一時的に行動に反映させているのかもしれない．

この新旧のアイデンティティが入れ替わる時間的な問題は従来の研究では見過ごされてきたように思われる．環境の変化に合わせて即座に顕現が追随するのであれば，コンフリクトは生じないだろう．しかし，環境の変化を先読みできない以上，事後的に対応を迫られることになるため，コンフリクトは避けられない．では，このときの適切なアイデンティティ選択に要する時間は何で決まるのだろうか．考えられるのは，①状況に応じて仕事関連のアイデンティティの候補から1つを選ぶ時間，そして②その相応しいアイデンティティを形成するために要する時間である．おそらく，環境の変化の大き

第2章　人事異動と組織的同一化　**77**

さだけで一律に全てのアイデンティティの顕現の時間が決定することは考えにくいが，現状の研究では議論の材料が少ないために，その可能性を支持も否定もすることは難しい．

　この問題は，人事異動を議論する本書にとって見過ごすことはできない．仮にこの問題に対する何らかの答えを導くことができれば，人事施策あるいは偶発的な理由で職務や環境に大きな変化が生じた場合に，態度変化にも準備期間が必要であるという提言に繋がることだろう．すなわち，能力的な意味での"即戦力"は存在しても，その従業員が能動的にその力を職務に活かせるようになるという意味での即戦力かどうかは，現状では議論の余地があるということである．

3-3　企業の意図と組織アイデンティティ

　これまで見てきた同一化研究の多くが主観的に環境を切り取り，自己概念に取り込んだものを議論の中心に据えてきた．しかし，Dutton & Dukerich (1991) がケースで述べたように，組織アイデンティティは意図的に操作されるという面もあり，また経営理念のように意図的に示されたものが組織アイデンティティに影響を与える場合もある．見方を変えれば，部門アイデンティティや職業的アイデンティティも，企業側が意図的に職務設計した環境を従業員が認識した結果であるため，純粋に主観だけでアイデンティティが形成されるわけではない．そもそも環境とはそうした意図の結果を多分に含んだものではあるが，その意図がどういったものなのかという点についての議論はそこまで多くない．例えば，戦略や組織イメージとの関係から組織アイデンティティを修正するといった研究はあるが，多くは個々人の主観的な部分を重視して議論がなされてきた．

　組織アイデンティティの中核は，長期の時間的な流れの中で形成されていくと考えられるため，そこには企業文化や経営戦略，経営理念といった企業の大きな方向性が関わってくることだろう．また人事異動には，企業にとって望ましい従業員を育成するという側面もあることから，企業の意図が関係してくる．つまり，企業の考える組織アイデンティティを従業員に伝え・学ばせるよう，人事異動を計画することが1つの理想であろう．

78　第Ⅰ部　先行研究レビュー

　このことから，企業の意図が仕事関連のアイデンティティに及ぼす影響について着目することで，マネジメントの可能性を高めることにもなるだろう．言い換えれば，企業が期待するような認識を従業員に持たせ，そのアイデンティティで職務に取り組ませる手掛かりが得られるであろう．あるいは，企業に対する"自分本位の"認識ではなく，企業の求めるものを感じ取らせる方法を明らかにするとも言えるだろう．

3-4　アイデンティティ形成過程の相互作用

　多重アイデンティティとしてこれまで様々な種類の仕事関連のアイデンティティを取り上げ，それらの間の関係性を考えたり，それらへ同一化する過程で生じうる事象について検討してきた．だが，そもそも部門アイデンティティも組織アイデンティティも全て，それを形成するための源泉となる職務経験は１つである．つまり，「こういった経験はこのアイデンティティに繋がる」といった結びつきがあるわけではなく，"職務"を通じて企業や部門，職務などのイメージを同時並行的に少しずつ紡いでいくだけである．

　社内のアイデンティティからどれかを顕現させるとき，上述のようにコンフリクトに陥ることや，新たなアイデンティティを顕現させるまでの時間的な問題などが生じる可能性はあるが，それはどれも形成した後の問題である．１つの職務経験から様々なアイデンティティが形成されていくのであれば，その形成過程で相互に影響をしあうことはないのだろうか．例えばGlynn（2000）が取り上げた，オーケストラのメンバーが職務内容の違いで異なる組織アイデンティティを形成することは，職業的アイデンティティが組織アイデンティティに影響を与えていたと考えることはできないだろうか．

　Ashforth & Johnson（2001）は，組織アイデンティティを包括的・抽象的・遠位であり，職業的アイデンティティを排他的・具体的・近位だと述べている．つまり，普段取り組んでいる職務から「これがうちの課の考え方か」と肌で感じることはあっても「これがうちの会社の考え方か」と認識する機会はなかなかないということである．具体的なイメージを持つことのできるアイデンティティは"強固"な認識として従業員の中に構築される可能性があるが，抽象的なアイデンティティは明瞭さに欠けるために色々な方面

から影響を受けて認識を修正する可能性が考えられる．具体的に言えば，営業部門で初期キャリアを過ごす従業員は「営業部とはこういうところだ」と明確なイメージを持ち，それに引きずられて「うちの会社は客観的な成果を評価する」と組織アイデンティティが影響を受けることになる．しかし，次に広報部に異動すると「うちの会社は社会に寄り添った組織だ」と考え方を修正する．それは新しい部門での職務に組織アイデンティティが引っ張られている証拠である．この影響関係を明らかにすることは，職務経験のデザイン，すなわち異動のさせ方を考える手掛かりになるかもしれない．

4. 小括

　本章では，人事異動研究を概観し，当該領域と同一化研究の接合を図った．最初に見た人事異動研究では，異動経験を積むことによってどのような能力が獲得されるのか，あるいは異動と昇進・昇格の関係などが明らかになった．基本的には，多くの異動研究が人的資源管理論の中に位置づけられ，そのため，異動も異動者の捉え方も極めてマネジメント色の強いものだった．中でも，異動を連続・非連続に分類することは，本書にとって重要な分析視角となった．それは，この2分類を持ち込むことによって，人事異動を単なる仕事環境の変化ではなく，変化の質を区別できるようになったことで，環境の認識を具体的に議論できるようになったからである．

　人的資源管理論以外の人事研究としては，仕事モチベーションや組織コミットメントなど限られた数ではあるが心理変数への影響を見たものもあった．しかしながら，本書が関心を持つ組織的同一化についての研究はほとんど存在せず，そのため，前章の内容との接合を図ることにした．その際の1つの理想的な姿として，従業員が組織アイデンティティの中核を認識し，そこに同一化しているというものが挙げられる．この状態を実現するには，連続異動よりも非連続異動の方が相対的に同一化に強く影響することが考えられた．このことから，現時点で本書の主張は「非連続異動を上手く経験させることによって，従業員は組織アイデンティティの中核を認識しやすくなり，かつ企業への同一化も促される」というものである．

　このように先行研究を俯瞰していく中で，当初設定した3つの課題がより

具体性を持つようになっていった．本章で先行研究の検討を終え，この鮮明
になった問題意識を持って，次章から実証研究の結果と考察に移っていきた
い．

第Ⅱ部

実証研究

第3章　人事異動と組織的同一化の探索的調査

　第Ⅰ部の先行研究レビューを受けて，第Ⅱ部では実証研究の結果およびその考察を述べる．本研究では，消費生活協同組合（以下，生協）のコープAと，流通業界大手の株式会社であるB社を対象に調査を行い，第3章では質問紙調査，第5章では質問紙調査の結果を受けて行ったインタビュー調査の結果を説明していく．インタビュー調査に先立って設定したリサーチクエスチョン（以下，RQ）は，本質問紙調査の結果を考察して導き出したものである．したがって，本章の目的は，インタビュー調査の前段として探索的に調査結果を深堀することにある．

　ただし，何の方向性も定めずに調査を実施することは不可能なため，「異動経験が組織的同一化に影響する」という因果だけ仮定し，2つの調査に臨んでいる．この2つの調査の分担としては，まずコープAに実施した質問紙調査の結果を検討し，その結果を踏まえて再度B社で質問紙調査を実施し，この2回に及ぶ調査の結果から考察したものを，コープAを対象にしたインタビュー調査の基礎とした．

1.　消費生活協同組合・コープA

　コープAでは，質問紙調査とインタビュー調査（第5章）の2つが行われた．どちらも同じ組織であるため，ここでコープAの概要についてまず述べておく．その後，分析対象者や分析方法について触れ，分析結果へと移っていく．

　なお，調査対象にコープAを選定した理由としては，次のことが挙げられる．第1に，コープAは経営理念を重視した組織だと広く知られ，その教育を徹底しており，少なくとも理念を大事にしていない組織よりも明らかに職員が組織を意識していることが予想される点である．第2に，生協という，通常の株式会社とは異なる組織体であり，そこで働く職員は日々の生活

84 第Ⅱ部 実証研究

の中，あるいは入所から今に至るまでの間に恐らく1度は「生協とは何か」という点を意識しているだろうと予想される点である．そして第3に，基本的に消費生活協同組合法の第五条「組合は，都道府県の区域を越えて，これを設立することができない」の下，組合間の競争は過度に低く，さらにその事業規模から区域内では高い知名度があり，歴史的背景から好意的な評判も形成されていることから，そこで働く職員はコープ A に対して誇りや愛着といった感情を抱きやすいと考えた点である．以上の理由から，組織的同一化に着目する本書において，コープ A は適当な調査対象であると考える．

1-1 コープ A の概要

コープ A は 2016 年 3 月現在，約 170 万人の組合員を抱える世界最大規模の生協として知られる．コープ A は店舗事業，宅配事業，夕食サポート事業，共済事業，コープ商品開発事業，福祉介護事業，文化事業，宿泊・研修施設運営事業の計 8 事業から成る組織であり，総職員数約 1 万人を擁し，供給高約 2400 億円をあげる．本書では便宜上，宅配事業と店舗事業を"現場"と呼称し，その他の事業を"本部"とする．

コープ A は発足当初よりいわゆる"御用聞き"をしており，上記の事業の中でも宅配事業が当時の流れを色濃く残しコープ A の販売ルートの中心になっていると言える．現在のもう 1 つの販売ルートの柱と言える店舗事業はプライベートブランドを中心に取り扱っており，組合員活動[1]の支援を行うことも 1 つの特徴とされる．店舗形態は大きく 3 つに分類され，日用品や衣料品なども扱う大型店舗，スーパーマーケットのようなスタイルの通常店舗，コンビニエンスストアのような小型店舗がある．

現在，新入職員は基本的にまず宅配事業に配属される．宅配事業部門[2]で数年の業務経験を経た後，他の部門へ異動するというキャリアパスが描かれている．なお，入所直後に全職員に対して理念研修が行われるだけでなく，一定期間の勤務を経たパートタイマーに対しても理念教育が行われている．

---

1) 組合員活動とは，食・子育て・環境・平和・福祉・ボランティアなどに関わる，組合員の自主的・自発的な活動のことである．また，ここで言う「組合員」とは，生協に出資している消費者の呼称である．厳密には職員も組合員であるが，組織外の組合員に限定してこの呼称を用いる．
2) 事業部門は，本書がこれまで扱ってきた"部門"と同じ位置づけの括りである．

第3章　人事異動と組織的同一化の探索的調査　**85**

このことから分かるように，コープ A では組織として基本となる考え方の教育を早い時期に徹底しているというのが1つの特徴と言える．

コープ A の歴史をもう少し詳しく見てみると，現在までの成長・成功の背景には3つの要因がある（高村，1993）．それは，①理念尊重，②実験主義的経営，③教育重視である．第1に，コープ A は「愛と協同」「一人は万人のために，万人は一人のために」という理念を持ち，その理念を尊重してきたために現在のように発展してくることができた．

第2の実験主義的経営は，コープ A 発足当初から今に至るまで脈々と受け継がれてきた考え方であり，新しい取組みを重視する経営のことを言う．例えば，コープ A は他の生協だけでなく，イトーヨーカドーやダイエーに先駆けてスーパーマーケット方式を導入したことからも，非常に先進性・実験主義を重んじていることがうかがえる．

第3の教育重視とは，人を尊重する姿勢が前提にあることを指す．生協およびコープ A は，お金や物を通じてではなく，集団の能力を高めることで，豊かさを生み出し，さらにそこからいきがいや喜びといったものを組合員に提供することを目指す．このような目標を掲げることから，コープ A がその活動の根底で人と人との繋がりを大事にしていることが分かる．さらに直接的に，そもそも生協運動が組合員によるものであり，組合員抜きには成り立たないという活動の性格からも理解することができる．

以上の，コープ A が成長・成功してきた要因を見ていくと，第1と第3は理念に基づくものであり，生協として重要な考え方だと言える．しかし，第2の実験主義的経営は，理念に含まれるものではなく，理念を基礎としてその上に成り立つものだと考えられる．加えて，他の企業や生協と比べてもこの先進的な姿勢には目を見張るものがあり，かつコープ A 発足当初から重視されてきた特徴であるため，組織アイデンティティの中核を占めるものではないかと予想する．

1-2　分析方法

1-2-1　分析対象

この分析は 2014 年 1 月 27 日から 2 月 3 日の間に，コープ A で働く全職

86 第Ⅱ部 実証研究

員を対象にした大規模調査の結果から得られたデータと，彼らの人事データ
を用いて行ったものである．調査は人事部に協力の依頼をし，調査票を全職
員に配布してもらい実施した．このデータを用いて重回帰分析と二元配置分
散分析を行っており，そのそれぞれで若干のサンプルサイズに違いが見られ
る．重回帰分析の調査対象は2257人で，そのうち有効回答が2104人だった．
属性データとして，平均年齢45.65歳（標準偏差［以下，SD］=9.11），男性
1487人（70.7%），女性617人（29.3%），既婚者が1520人（72.2%），未婚者
が584人（27.8%），平均勤続年数は23.71年（SD=9.70）である．また新卒
入所は1922人（91.3%），中途入所は182人（8.7%）だった．

　二元配置分散分析を行う際，異動間隔を用いることから，少なくとも異動
を1回以上経験している職員に限定して分析を行った．したがって，重回帰
分析よりもサンプルに若干の減少がある．その対象は1760人，内訳は男性
1196人（68%），女性564人（32%），平均勤続年数25.56年（SD=8.14）で
ある．

1-2-2　各種変数

　重回帰分析　まず，重回帰分析の変数から見ていく．従属変数の組織的同
一化は，「誰かがこの会社[3]のことを批判していると，私は侮辱された気持ち
になる」「この会社のことを他人がどのように思っているか，私はとても関
心がある」「メディアがこの会社のことを批判していると，自分が侮辱され
た気持ちになる」など6項目からなる．Mael & Ashforth（1992）の尺度で
測定し，回答はリッカートスケールの5件法（1. 全く思わない 〜 5. とて
もそう思う）で求めた．この尺度の信頼性（クロンバックの α）は.842だっ
た．項目分析をすると，どの項目も天井効果（平均と標準偏差の和＞5）と
フロア効果（平均と標準偏差の差＜1）は確認されなかった．変数作成には，
探索的因子分析（主因子法・プロマックス回転）を実施した．スクリーテス
トとカイザー基準を用いて1因子が抽出されたため，回帰法による因子得点
を分析で用いることにした．詳細は表3-1を参照されたい．

3）　実際の調査時にはコープＡの名称を入れて質問しているが，匿名性を保つために，ここでは
　原点の聞き方に従う．

表 3-1　組織的同一化の測定尺度

項目	平均(標準偏差)	因子負荷量
1. 誰かがこの会社のことを批判していると，私は侮辱された気持ちになる	3.621 (.862)	.721
2. この会社のことを他人がどのように思っているか，私はとても関心がある	3.642 (.793)	.623
3. この会社のことを私が話す時，私は大抵「この会社」や会社名ではなく「うちの会社」と言う	3.675 (.837)	.531
4. この会社の成功は私の成功である	3.220 (.913)	.650
5. 誰かがこの会社のことを誉めていると，自分が誉められた気持ちになる	3.632 (.856)	.798
6. メディアがこの会社のことを批判していると，自分が侮辱された気持ちになる	3.536 (.874)	.797
	固有値	3.375
	寄与率	56.253%

　独立変数の異動経験は，人事データから算出した．まず，異動の辞令が出されたときを 1 異動として数えた．本書では非連続異動を「部門横断的な異動」と定義しているが，ここではデータの都合上「現場から本部への異動（あるいはその逆の異動）」を指すこととし，他を連続異動とした．連続異動経験は平均 1.84 回（SD=2.03），非連続異動は 1.73 回（SD=1.32）だった．

　第 2 章「2-1-4　異動と昇進」のレビューから，媒介変数に昇進・昇格回数を取り入れた．その際，昇進・昇格回数は職能資格で代替し，便宜的に職能資格を 3 つに分類し 1, 2, 3 と順序尺度にした（例えば，L 職は 1，S 職は 2 といったように．この序列はコープ A の人事部に確認を取った）．昇進はいわゆるタテの異動になる．一方，本分析では非連続異動をヨコの異動と捉えているが，異動の辞令ではナナメの異動もヨコに含む可能性がある．そこでカイ二乗検定を行ったところ χ^2 = 195.741（df=14）で 0.1％有意だったことから，異動と昇進・昇格に関係性が見られたことになる．よって，ナナメを含む可能性は否定できない．もちろん，異動を経ることで昇進・昇格するということを示している可能性も同時に言える．最後に統制変数には，勤続年数，男性ダミー，新卒ダミー，既婚ダミーを用いた．

　分散分析　次いで，分散分析では，重回帰分析と同じ組織的同一化を従属

88　第Ⅱ部　実証研究

変数に置いた．独立変数には連続・非連続異動と異動間隔を用いた．ただし，分散分析の独立変数では，重回帰分析で用いるような間隔尺度ではなく，名義尺度を用いる．そこで，先ほど算出された連続・非連続異動を3分割（少・中・多）した．非連続異動のサンプルサイズは順に579人，586人，595人になり，連続異動は769人，575人，416人だった．非連続異動と連続異動を合算した総異動回数という変数を新たに作成し，少・中・多は460人，593人，707人だった．異動の間隔は勤続年数を総異動回数で除して，それを3分割（狭・中・広）した．

　なお，後ほど第5章で議論する，コープ A で行ったインタビュー調査の結果からも，この連続・非連続異動の判別基準の妥当性が判断できる．コープ A では，職員が抱く組合員に対する考え方や仕事への考え方について現場と本部で大きな違いが見られた．現場は組合員に直接接する部門であり，本部は組合員に普段あまり接することのない部門である．考え方が大きく異なる現場と本部を行き来する異動を非連続異動として操作化することで，職場アイデンティティを維持せず，組織アイデンティティだけを継続的に構築する異動を捉えることが可能になると考えた．なお，コープ A では，入所直後にまずは全職員が宅配事業に配属され，そこで数年の現場経験を積んだ後，店舗や本部に異動になる．そのため，本部勤務の従業員は必ず1度は非連続異動を経験していることになる．

1-2-3　予備的分析
　重回帰分析を用いた各変数間の分析に移る前に，記述統計や変数間の相関分析からコープ A についてどのようなことが分かるのかを見ていく．この予備的分析が以降の分析の基礎となる．
　まず，記述統計を見てみると新卒入所者が9割以上という点が特徴的である．さらに，平均勤続年数が23.7年ということから，離職率も低い傾向がうかがえる．これは，職員がある程度コープ A の職務環境に対して満足している証拠と解釈できるかもしれないし，あるいは同一化しているために離職意思が低下している結果とも読める．

第 3 章　人事異動と組織的同一化の探索的調査　**89**

表 3-2　コープ A の記述統計量と相関関係

	M	SD	1	2	3	4	5	6	7	8
1. 同一化	.000	.920	(.842)							
2. 総異動回数	3.639	2.817	.041†							
3. 非連続異動	1.756	1.319	.039†	.740***						
4. 連続異動	1.883	2.044	.032	.901***	.374***					
5. 昇進・昇格	1.719	.716	.188***	.201***	.258***	.110***				
6. 勤続年数	23.710	9.701	−.013	.367***	.250***	.344***	.358***			
7. 男性ダミー	.707	.455	.067**	−.204***	−.091***	−.222***	.297***	.163***		
8. 新卒ダミー	.913	.281	.023	.052*	.067**	.029	−.035	−.071***	−.113***	
9. 既婚ダミー	.722	.448	.101***	.105***	.161***	.040†	.301***	.285***	.356***	−.074***

†p< .10; * p< .05; ** p< .01; *** p< .001
注：括弧内は信頼性係数

　次に変数間の相関関係を見てみると表 3-2 のようになった．この分析から特徴的な点として 3 つのことが示された．①昇進・昇格と連続・非連続異動経験の間には 0.1% 水準で正の相関がある，②非連続異動と連続異動の間に0.1% 水準で高い正の相関がある，③男性ダミーは昇進・昇格と正の相関があったが，異動経験との間で負の相関関係が確認された．

　これらの結果から見えてくるコープ A の特徴として，第 1 に，昇進・昇格と異動の関係だが，相対的には非連続異動を多く経験している人の方が連続異動を多く経験している人よりも昇進・昇格しやすいことが分かる．これは昇進に際し職員の経験の幅を求めており，それが非連続異動によって得られやすいので強い関係が出たと考えられる．

　第 2 に，両異動の間で有意な正の相関が見られたことから，異動経験に偏りがあるわけではなく，非連続異動を多く経験する人は同様に連続異動も多く経験していることが分かった．経験回数を見ると非連続異動の平均は1.756 回（SD=1.319）であるのに対し連続異動は 1.883 回（SD=2.044）であり，キャリアの中で異動経験は 3-4 回の人が多いということになる．仮に幅広い経験を積ませる目的から組織が非連続異動をさせたとしても，同じ職務をある程度続けることでその職場でのモチベーションが低下する恐れがある．組織が意図するスキル・経験を積ませるため，かつ意欲的に職務に臨ませる

90 第Ⅱ部 実証研究

ため，その後連続異動をさせるという可能性も考えられる．あるいは，適材適所の配置換えを理想として人事異動をデザインするが，必ずしもそれが実現できるわけではない．ある職員の異動によってできた穴を埋める目的で他の職員を異動させる，いわゆる玉突き人事を行った結果，非連続と連続を同じような割合で経験させることになったのかもしれない．つまり，この数値だけではコープ A が異動を計画的に行っているかどうかの判断は難しい．

　第3に，男性の方が昇進機会に恵まれるのに対して，女性の方が異動を多く経験している傾向が見られた．これは，コープ A が将来的にマネジメント層に男性を据えることを念頭に置き，彼らに専門性を身につけさせようと，異動の間隔を広めにとっている可能性も考えられる．事実，この組織では男性の経営層が圧倒的多数を占めている．また，女性の場合，専門性の向上よりも異動による仕事モチベーションの一時的な高まりやストレスの軽減を，意図的に組織が提供している可能性がある．結果として，女性が多く職場を異動すると，1つの職場に長くいる男性職員もコミュニケーションをする同僚が多様になり，彼らの自己概念にも変化がもたらされることだろう．

　簡単ではあるが，コープ A の事前情報としては以上のようになる．

1-3　組織的同一化に影響を与えうる変数1：連続異動と非連続異動

　では，コープAにおける人事異動と組織的同一化の関係性について見ていこう．まず表3-3に示すように，従属変数に組織的同一化を置き，独立変数である連続異動，非連続異動，そして昇進・昇格変数を段階的に投入していく階層的重回帰分析を実施した．その結果，組織的同一化に対して，連続異動と昇進・昇格回数が有意に正の影響を与えていた（Model 4）．また，既婚ダミーが1% 有意で正の影響が見られたことから，結婚というライフイベントが職務に対する意識を変えるということが読み取れる．勤続年数を重ねると同一化が低下するという結果については議論の余地があるが，様々に経験を重ねることで組織との一体感が薄れていくということか，あるいは組織以外の対象の方に自分を重ねていくということを示しているものと予想される．

　この回帰分析の結果を見ると，先行研究レビューでの議論（2-1-2　異動

第3章　人事異動と組織的同一化の探索的調査　**91**

表3-3　コープＡにおける組織的同一化と異動の回帰分析

従属変数：組織的同一化	Model 1	Model 2	Model 3	Model 4
統制変数	（β）	（β）	（β）	（β）
男性ダミー	.042[†]	.063[**]	.001	.015
新卒ダミー	.032	.029	.028	.028
既婚ダミー	.102[***]	.096[***]	.071[**]	.071[**]
勤続年数	− .047[*]	− .075[**]	− .105[***]	− .123[***]
独立変数				
連続異動		.058[*]		.057[*]
非連続異動		.024		− .017
昇進・昇格回数			.205[***]	.206[***]
R^2	.014	.018	.048	.050
調整済 R^2	.013	.015	.046	.047
F	7.672[***]	6.504[***]	21.119[***]	15.874[***]
F 変化量		4.122[*]	73.844[***]	70.796[***]

[†] $p<.10$; [*] $p<.05$; [**] $p<.01$; [***] $p<.001$

と組織的同一化）に反して，非連続異動が有意な影響を与えていなかった．先の相関分析では，非連続異動は同一化との間で10%有意で0.039という弱い関係ではあるが正の相関が確認されていた．この相関を疑似相関だと考えた場合，1つの可能性として昇進・昇格の媒介効果が生じている可能性がある．つまり，昇進・昇格との相関関係に注目すると，連続異動よりも非連続異動の方が高い値を示しており，その影響が同一化との関係にも及んだのかもしれない．

　この媒介効果を検証するために，新たに従属変数に昇進・昇格回数を置き，独立変数には連続・非連続異動を置いた重回帰分析を行った（表3-4）．これは，もし昇進・昇格に対して異動経験が有意に影響を与えていた場合，組織的同一化に対して間接的に影響を与えている可能性を主張できるため，その関係性を見ようとするものである（Baron & Kenny, 1986）．

　媒介効果の検証結果は，非連続異動のみ昇進・昇格に0.1%有意で正の影響を与えていた（Model 6）．このことから，連続異動の経験は直接的に組織的同一化に影響し，非連続異動は昇進・昇格にのみ影響を与えるというこ

表 3-4 コープ A における昇進・昇格と異動の回帰分析

従属変数：昇進・昇格回数	Model 5	Model 6
統制変数	(β)	(β)
男性ダミー	.275***	.278***
新卒ダミー	.022	.012
既婚ダミー	.117***	.104***
勤続年数	.220***	.215***
独立変数		
連続異動		−.019
非連続異動		.126***
R^2	.192	.207
調整済 R^2	.190	.204
F	104.206***	76.259***
F 変化量		16.650***

†p<.10; *p<.05; **p<.01; ***p<.001

図 3-1　コープ A における異動経験と組織的同一化の関係

とが分かる（図 3-1）．このように，先行研究レビューでは非連続異動の同一化に対する直接的な影響あるいは，昇進・昇格を介した間接的な影響の可能性が論じられたが，この分析結果ではどちらも支持されなかったことになる．非連続異動の影響力については，今後詳しく検討をしていく．

連続異動が直接的な影響を与えていたことは，立場の変化に影響されない可能性を示唆する．このことは，例えば「初期キャリアでの連続異動の経験は企業との同一化に重要だが，それ以降のキャリアでの連続異動は重要性が著しく低下する」といったキャリアの段階によって影響力が異なり，その関係が全体的に見ると弱いながらも有意な関係が見て取れたということなのだ

第3章 人事異動と組織的同一化の探索的調査　**93**

ろうか．それとも「連続異動は常に組織的同一化に微々たる影響を与える」という見た通りの意味なのだろうか．この点を議論するためにも，以降で職位ごとに異動と同一化の関係性について見る．加えて，従属変数に組織的同一化を置いた分析では説明力（調整済み R^2）が4.7% と低く，この結果だけで組織的同一化のマネジメントを説明できたと考えるべきではないだろう．先行研究レビューで異動の間隔の議論をしたように，本節後段で二元配置分散分析を用いた間隔・異動・同一化の関係性についても見ていく．

1-4　組織的同一化に影響を与えうる変数２：職位

本分析では，職能資格を１，２，３の順序尺度としている関係から，以下では１をロワー，２をミドル，３をトップと呼ぶこととする．それぞれの職位ごとに異動経験と組織的同一化の関係を見た結果が表3-5である．それによると，ロワーとミドルの職員は共に異動経験が組織的同一化に影響していないことが分かる．ただし，トップの職員に限り，両異動が有意に影響を与えていた．この結果は，「連続異動の経験は常に組織的同一化に微々たる影響

表 3-5　コープ A における職位ごとの回帰分析

	ロワー		ミドル		トップ	
従属変数：組織的同一化	Model 7	Model 8	Model 9	Model 10	Model 11	Model 12
統制変数	(β)	(β)	(β)	(β)	(β)	(β)
男性ダミー	.003	.008	.022	.030	.062	.064
新卒ダミー	.003	.003	.020	.023	.076	.089†
既婚ダミー	.168***	.166***	.005	.008	.004	.008
勤続年数	−.064	−.068	−.090**	−.102**	−.067	−.072
独立変数						
連続異動		.010		.046		.105*
非連続異動		.012		−.033		−.121†
R^2	.030	.030	.009	.011	.012	.031
調整済 R^2	.023	.020	.004	.004	.000	.014
F	4.486***	3.004**	1.827	1.560	1.021	1.842†
F 変化量		.069		1.024		3.454*

† $p<.10$; * $p<.05$; ** $p<.01$; *** $p<.001$

94 第Ⅱ部 実証研究

を与える」という可能性を否定するものである．ロワーやミドルの頃は連続異動をしても組織的同一化に繋がらなかったが，トップという立場に就く頃，これまでの経験を振り返り，組織アイデンティティを自分の中に取り込むのかもしれない．つまり，昇進・昇格経験を媒介変数に置いた際の先ほどの論理が支持される解釈である．

　統制変数で興味深い結果として，ロワーに関して，既婚ダミーが組織的同一化に対して0.1%有意で正の影響を与えている．結婚をして，男女共に生活の安定性を求めるようになることで，コープ A でのキャリアを強く意識するようになるのかも知れない．特に職位の低さから年齢の若さが予想され，これまで組織との関わり合いを積極的に意識してこなかった人がライフイベントを経験することで意識するようになるということは十分考えられる．そういった背景があり，結婚がロワーの同一化を後押ししているのかもしれない．

　また，ミドルでは，勤続年数が有意に負の影響を与えている．職員の優秀さによって昇進スピードには差が出ることだろう．平均的なスピードで昇進をしている場合，責任の重さや組織から感じ取る期待といったものはさほど大きなものではないかもしれない．一方，比較的若くして昇進する場合，組織からの期待を強く意識したり，責任の重さを感じたりする機会にもなることだろう．そうした勤続年数の相対的な短さが意識に影響し，組織的同一化を促進させる契機になるものと思われる．

1-5　組織的同一化に影響を与えうる変数３：異動回数と異動間隔

　さて，これまでの分析では各職場に所属していた期間，つまり異動の間隔を検討していなかった．本項では，どういった間隔で異動を経験させることが同一化にとって望ましいのかを見ていく．まず，連続異動と非連続異動を合算した総異動回数と異動間隔を用い分散分析を行った（多重比較は表3-6，交互作用は図3-2）．この分散分析は，Levene 検定により等分散性が確認されたため，Tukey の HSD 検定を用いて多重比較を行った．結果は，同一化に対する総異動回数の主効果は有意（F=3.345, df=2, p<.05），異動間隔の主効果は非有意（F=1.665, df=2, n.s.），交互作用は有意（F=2.358, df=4, p<.05）というものだった．多重比較の結果を見ると，総異動回数が少と中

第3章 人事異動と組織的同一化の探索的調査　95

表3-6　コープAにおける総異動と異動間隔の多重比較

		n	平均（SD）		平均値の差（SD）
総異動回数	少	460	−.051 (.918)	少−中	−.201* (.086)
				少−多	−.031 (.120)
	中	593	.556 (.919)	中−多	.170† (.106)
	多	707	.391 (.919)		
異動間隔	狭	588	.012 (.952)	狭−中	−.121 (.085)
				狭−広	.059 (.114)
	中	584	.066 (.918)	中−広	.181 (.113)
	広	588	−.014 (.886)		

† $p<.10$; * $p<.05$; ** $p<.01$; *** $p<.001$

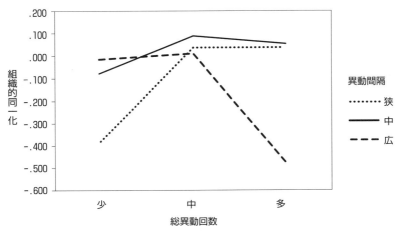

図3-2　コープAの総異動と異動間隔の交互作用

の間で主効果に有意な差が見られ，中程度の方が高い主効果が確認された．
また，総異動回数が中の方が多よりも10％水準ではあるが，有意に高い主
効果が示された．このことは，異動回数が多すぎも少なすぎもしない職員の
方が組織に同一化していることを意味している．

　異動の回数と間隔の影響を組み合わせて考えるため，交互作用効果につい
ても見た．図3-2によると，異動経験が少なく間隔は広い（つまりじっくり
1つの職場で職務を経験できている）職員は組織的同一化が高かった．一方，
異動回数が増えると，その間隔が中程度で経験できている職員ほど，組織的
同一化が高い傾向にあった．このとき異動間隔が中程度というのは，平均し
て4-7年の間1つの職場で働いている職員を指す．この期間は，上述の組織
社会化に要するおおよその期間である5年を含むものであり，腰を据えて新
たな職場で組織アイデンティティを構築し直す期間であると考えられる．

　しかし，この分析では異動の性格を問わずに議論をしてしまっているため，
連続・非連続の異動をどのように経験させることが望ましいのかという考え
にまでは至らない．そのため次に，連続・非連続異動と異動の間隔を用いた
分散分析を行う．このときの異動の間隔は先と同様に勤続年数を総異動回数
で除して算出したものを用いている．

　Levene検定により等分散性が確認されたため，TukeyのHSD検定を用
いて多重比較を行った．結果は，同一化に対する連続異動の主効果は非有意
（F=1.269, df=2, n.s.），非連続異動の主効果は非有意（F=.368, df=2, n.s.），
異動間隔の主効果は非有意（F=.413, df=2, n.s.），連続異動と非連続異動の
交互作用は有意（F=2.899, df=4, p<.05），連続異動と異動間隔の交互作用は
非有意（F=1.177, df=4, n.s.），非連続異動と異動間隔の交互作用は非有意
（F=1.309, df=4, n.s.），3つの交互作用は非有意（F=.358, df=6, n.s.）だった．
多重比較の結果（表3-7）を見ると，どの関係にも有意差は見られなかった．
つまり，職員が組織に同一化するには，連続・非連続の異動経験どちらかだけ
では説明ができず，両方組み合わせて初めて説明ができるようになるようだ．

　この連続異動と非連続異動の交互作用についてもう少し詳しく見ていく
（図3-3）．組織的同一化への影響の大きさで見ると，非連続異動の経験が多
く，連続異動経験が中程度のときに最も高い値となっている．その他，非連

第3章　人事異動と組織的同一化の探索的調査　**97**

表3-7　コープAにおける連続・非連続異動と異動間隔の多重比較

		n	平均（SD）	平均値の差（SD）	
連続異動	少	579	.008 (.885)	少－中	－.160 (.106)
				少－多	－.065 (.102)
	中	586	.010 (.947)	中－多	.095 (.127)
	多	595	.044 (.925)		
非連続異動	少	769	.000 (.927)	少－中	－.049 (.096)
				少－多	－.126 (.127)
	中	575	.054 (.901)	中－多	－.077 (.106)
	多	416	.014 (.922)		
異動間隔	狭	588	.012 (.952)	狭－中	－.058 (.085)
				狭－広	.003 (.136)
	中	584	.066 (.918)	中－広	.061 (.132)
	広	588	－.014 (.886)		

$^{†}p<.10;\ ^{*}p<.05;\ ^{**}p<.01;\ ^{***}p<.001$

続異動の回数が少なく連続異動が多い組合せが次に強い影響を示し，非連続異動の回数が中程度で連続異動が少ないときはその次に強い影響という結果になった．両異動の組合せから，たとえ非連続異動を多く経験していたとしても，連続異動をあまり経験していなければ同一化に対して強い影響は見られないことも明らかになった．また，非連続異動が少ないときを除き，同一化への影響力の強い組合せは，非連続異動の回数が連続異動よりも多いか，同等という結果であった．これらのことから，同一化への影響には“経験”として非連続異動が連続異動よりも強く寄与しているものと考えられる．た

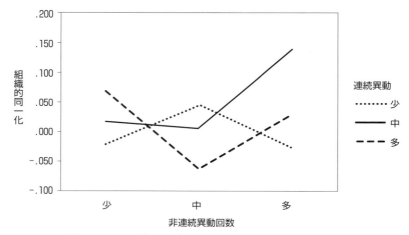

図3-3 コープAの連続異動と非連続異動の交互作用

だし，非連続異動だけを多く経験しても同一化に対する影響は低く，そのため計画的な異動経験が求められるだろう．ここで経験を強調する意図としては，回帰分析の結果では非連続異動が同一化に対して直接影響を与えていなかったためである．つまり，非連続異動は連続異動に比べ経験の幅を広げられ，それに伴い組織アイデンティティを多角的に構築する機会になる．一方，連続異動は，類似の仕事経験を重ねることによって特定の組織アイデンティティと自分との関わりを深く考える機会になるのかも知れない．そのため，非連続異動の基礎の上に連続異動の経験が生きてくるとも考えられる．

　非連続異動が昇進・昇格に影響を与えるという先の分析結果と総合すると，非連続異動の回数が少ないときは職位が低いと考えられ，そういった時期には連続異動を程々に経験している職員が強く同一化している傾向があった．ロワーに限定した重回帰分析（Model 8）で，連続異動に有意な影響を確認できなかった背景には，異動回数が多いときと少ないときには同一化への影響が弱く，連続異動と同一化の間で逆U字の関係があったと予想される．

1-6　コープAの分析から見えてくるもの

　コープAのデータを用いた重回帰分析と分散分析の結果を総合して考えていくと，異動間隔を管理されていない連続・非連続異動はどちらも組織的

同一化に対して直接に影響を与えないようだ．これは，職位ごとに分析をした結果を見ても分かる．ただし，異動を中程度の間隔で複数回経験している職員か，あるいはトップの職員のみ，連続異動の有意な影響を見ることができた．これについてはいくつか解釈ができる．

第1に，異動を多少経験する程度では，これまでの仕事経験を自分の中で整理することができず，ある意味で組織アイデンティティを上手く自己概念に取り込めず混乱した状態になるのかもしれない．例えば，「これまで1度だけ異動をしたことがあって営業から人事に配属になったけど，求められる仕事が違いすぎて，以前よりもむしろ会社のことが分からなくなった」という状態に陥る場合もあるだろう．異動間隔にかかわらず，異動経験の少なさが同一化に負の影響を与えるという分散分析の結果（図3-2）からも同じことが言える．そのため，ある程度異動を経験し，多くの職場に触れ，職務を多角化，あるいは組織アイデンティティの認識を多角化させることが同一化には必要なのかもしれない．

第2に，昇進・昇格の際に従業員は過去の経験を振り返る（服部，2012）．昇進・昇格には非連続異動の単純な回数が意味を持つのかもしれないが，そこから企業について“適切な”学びを得られるかどうかには異動間隔が関わってくる．言い換えれば，「あの職場ではあんな経験をしたな，だから会社は次の仕事で自分にこんな期待をしているのかな」と新しい立場に活かせる形でしっかりと振り返りができるのも，職場経験を十分に積めているからである．そのため，適切な間隔で職場を異動できている場合，過去の経験を上手く内省でき，それが同一化に影響を与えるという解釈もできる．

第3に，異動を通じて能力を獲得し，それが昇進・昇格に繋がるというのはこれまでも繰り返し主張されてきたことだが（e.g., 小池・猪木，2002），これまでの職務の成果あるいは自分の能力が企業から認められたため昇進することができたと従業員が感じたなら，さらに企業からの期待に応えようと組織アイデンティティを顕現させる可能性もある．

以上のように分析結果について解釈をすることはできるが，どれも昇進・昇格でしかアイデンティティの変化はもたらされないということを暗に意味している．しかし，果たしてそうなのだろうか．

100 第Ⅱ部 実証研究

　これまでの先行研究レビューを通じて本書の主張は，周囲との関わりあいの中で自己概念の維持・修正を図り，職位にかかわらず，様々な職場経験を通じて徐々に自己概念が組織アイデンティティを取り込んでいくことを想定していたが，この考えを支持する分析結果を得ることはできなかった．その理由としては次のことが考えられる．例えば，従業員が企業に対して強く一体感を感じていても他のアイデンティティが顕現している状態で質問紙に回答していたなら，顕現性が結果に反映されるかもしれない．要するに，「私は専門性を存分に発揮するためにここで働いている」と職業的アイデンティティを意識している従業員に組織的同一化の質問をしても，望ましい回答は得られない可能性がある．

　また，先行研究レビューでは非連続異動が組織アイデンティティを顕現させると考えたが，それを分析結果に求めることはできなかった．これは，非連続異動をすることで慣れない仕事に就き，個人的自尊心が一時的に低下することで目の前の職務（職業的アイデンティティ）の方に意識を向けることが考えられる．他方，連続異動の経験は，比較的慣れた職務あるいは過去に蓄積したスキルを用いてこなせる職務が多く，個人的自尊心は非連続異動ほど下がらない．そのため，目の前の仕事に意識を向けずとも職務をこなせ，組織アイデンティティが顕現する余裕を与える，あるいは意思決定に組織アイデンティティが影響を与える程度を高める可能性がある．

　そして，ヨコの異動をしている間は職務が変わったとしても上下関係や役職は変わらない．そのため，上司・部下やミドル・ロワーといった関係性は維持されることになり，その関係性に同一化していた場合（e.g., Sluss & Ashforth, 2007），そこに紐づいて顕現しているアイデンティティも維持されるだろう．「中間管理職として私がやらなければいけない仕事は，事業戦略をかみ砕いて部下に伝えることだ」といったように，役割関係に組織アイデンティティが影響を受けている場合，連続異動をしてもその顕現性は維持され，分析結果に反映された可能性がある．しかし，非連続異動をすることによって，役割関係に影響を受ける社会的アイデンティティが一時的に喪失するとしたら，非連続異動が組織的同一化に有意な影響を及ぼさないという分析結果が現れることも理解できる．言い換えれば，これまで上司とのやり

取り，職場での立ち振る舞いに"営業職"というアイデンティティを態度に表していた人が，全く別の部門に非連続異動することで"営業職"を意識して仕事をすることはできなくなり，態度選択に模索の時間が発生することだろう．このように非連続異動は働き方に戸惑いを与える可能性があり，そのため組織的同一化に正の影響を与えていなかったとも考えられる．

同様に，組織社会化の期間（異動の間隔）を考慮した分析でも，顕現性の問題が指摘される．上述のように，仕事を通じて従業員は，組織アイデンティティや職業的アイデンティティなど様々なアイデンティティを形成する．低次元のアイデンティティの方が組織アイデンティティに比べ具体性が高いため形成しやすいとしたら，形成に要する時間が短くなる．そのため，企業に社会化するには4-7年を要するが，仕事や部門にはそれほど長時間を必要とせず，自分の仕事や部門を意識した働き方にはいち早く慣れ，そういった意識しやすい働き方を選ぶかもしれない．このように，他のアイデンティティの顕現性の問題を考えた場合，コープAの調査ではその可能性を検証することが難しい．

厳密に顕現性を議論するには質問紙調査では不十分であり，実験を用いなくてはならないだろう．それは質問紙の回答時点で，回答者がどのアイデンティティを顕現させているか正確に把握する術がないためである．しかし，同一化の対象を組織アイデンティティ以外にも複数設定することで，同一化の程度を比較できるようにし，理論的に組織アイデンティティが顕現するはずの状況で他のアイデンティティが異動と強く関連していた場合，それは他のアイデンティティが顕現していると推測することができるだろう．もちろん，その場合でも論理展開に問題があり，そもそも異動経験が他のアイデンティティへの同一化を促進するという解釈もできるかもしれない．しかしそういった議論は，少なくともコープAの分析では難しいため，複数の対象への同一化に関する議論を次のB社の分析で示し，改めてその可能性について議論を行う．

2. 流通業界大手・B社

B社の質問紙調査は，コープAでの質問紙調査の結果から浮かび上がっ

102　第Ⅱ部　実証研究

た調査上の課題を克服する目的を持ってデザインされている．すなわち，コープ A への調査では，同一化の対象を組織（つまり，コープ A）に限定して行っていたが，先行研究レビューで見てきたように現実には同一化の対象は複数あり，そのいずれかを顕現させて日々の職務に取り組んでいる．そのため，同一化の対象を複数に設定した調査が求められ，異動経験と複数対象の同一化の関係性を明らかにすることが本調査の目的である．

2-1　B 社の概要

B 社は，国内外 260 余のグループ企業を統括する純粋持ち株会社である．2016 年現在，資本金は 2200 億円を超え，従業員数も連結で 13 万人超の規模を誇る．B 社は流通業界大手として高い知名度を持ち，近年こそ成長率が鈍化したものの，それまでの躍進を考えると，そこで働く従業員は B 社に対してポジティブな企業イメージや愛着を持っていると予想される．また，B 社は多くの子会社を持つグループを形成しており，多種多様な商品・サービスを扱うという点で，コープ A と類似している（ただし，企業規模や取扱商品数は B 社の方が遥かに上回っている）．そのため，分析結果の比較をする上で B 社は適当な企業だと思われる．B 社はグループ全体で 1 つの経営理念を掲げており，その子会社は個々に理念を持たず，B 社社長が強いリーダーシップを発揮し，子会社で働く従業員も比較的 B 社を強く意識しやすい環境にあるという特徴を持つ．

2-2　分析方法

2-2-1　分析対象

2014 年 5 月 15 日から 17 日の間に B 社子会社の営業現場で責任者を務める従業員が集まる場で質問紙が配布された．得られたサンプル数は 468 人，そのうち有効回答は 351 人だった．属性データは，平均年齢 47.97 歳（SD=7.46），男性 325 人（92.6%），女性 26 人（7.4%），平均勤続年数は 25.22 年（SD=9.03）だった．役職の内訳は店長 245 人（69.8%），ゼネラルマネージャー 64 人（18.2%），事業部長 28 人（8%），その他 14 人（5%）だった．

2-2-2 各種変数

　この分析では，①親会社（B社），所属企業（B社子会社），職務[4]に対する同一化，②これまでの企業内キャリア（経験した職場とその役職），③男性ダミーと勤続年数，出向ダミーを変数として用い，重回帰分析を行った．①の同一化については，Bergami & Bagozzi（2000）の尺度を用いた（図3-4参照）．この尺度は，一方に個人の円，他方に企業の円を描き，両者の円を個人アイデンティティと組織アイデンティティに見立て，その距離を段階的に縮めて行き，自分と企業の関係性として相応しいものを選択させることで同一化の程度を測定しようとするものである．

　この尺度はBergami & Bagozzi（2000）によりMael & Ashforth（1992）

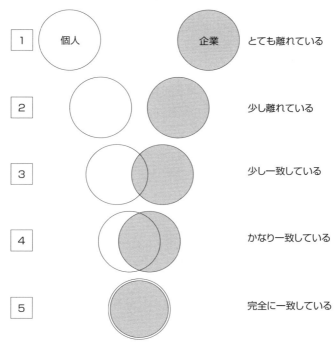

出所：Bergami & Bagozzi（2000）

図3-4　グラフィカルな組織的同一化測定尺度

4）　ここでは職務に対する同一化を職業的同一化とする．

104 第Ⅱ部　実証研究

の尺度との収束的妥当性や信頼性が確認されており，コープAの調査と異なる尺度を使うことに大きな問題はないと考える．この尺度を用いる理由として，社内の多重アイデンティティを捉えようとした場合，Mael & Ashforth（1992）の設問を修正することは困難であったため（例えば「メディアが会社のことを批判していると，自分が侮辱された気持ちになる」を職務レベルに書き換えることは難しい），Bergami & Bagozzi（2000）を用い，企業の円を"親会社""所属企業""現在の職務"に書き換え，「あなたと所属企業の関係は，以下のどれが適切ですか」と質問をする方法をとった．なお，この尺度は1項目で測定するため，信頼性係数や項目分析（フロア効果と天井効果）を計算することができない．

　②の企業内キャリアについては，部門名を縦軸に並べ，役職名を横軸に並べた表を作成し，過去に経験した職務についてチェックする形でキャリアを調べた．この記入の仕方だと基本的に部門を跨ぐキャリアを調べていることになるので非連続異動歴ということになる．全てのチェックを数えることでヨコとタテの非連続異動（以下，縦横異動）の合計値を知ることができる．ただし，単純に，経験した部門の数だけを数えヨコの非連続異動としたが，厳密にはナナメの異動も含まれるため議論の余地を残す．

　なお，コープAの人事データを用いた客観的情報に対し，B社調査では回答者の記憶（そして回答意欲）に依存する情報となっており，この変数の作成法では両組織の結果を比較する上で不十分な点があることを認めた上で議論することを断っておく．また，ここで異動は基本的に所属企業内での配置換えであるが，所属企業を跨いでの出向を経験している人もおり，これについては出向ダミーとして操作化した．単純な異動経験は量的変数であるのに対し，出向経験はダミー変数であるため，異動経験に出向経験を合算するようなことができないので，別の変数として分析に用いる．

2-3　予備的分析

　まず，相関分析の結果を見てみると，いくつか特徴的な結果が得られた（表3-8）．それは次のようなものである．①同一化の対象（親会社，所属企業，職務）の間で有意な正の相関があった．②勤続年数と異動経験の間には

第3章　人事異動と組織的同一化の探索的調査　**105**

表 3-8　B 社の記述統計量と相関関係

	M	SD	1	2	3	4	5	6	7
1. 同一化：親会社	3.60	.672							
2. 同一化：所属企業	3.72	.721	.233***						
3. 同一化：職務	3.87	.677	.217***	.549***					
4. 異動（ヨコ）	2.83	1.325	.064	−.029	−.094†				
5. 異動（縦横）	4.76	1.810	.116*	−.030	−.046	.793***			
6. 出向ダミー	1.07	.262	−.058	−.027	−.104*	.128*	.100†		
7. 勤続年数	25.22	9.027	.121*	.100†	.021	.258***	.309***	.238***	
8. 男性ダミー	.33	.470	−.092†	−.012	−.108*	.070	−.010	−.128*	−.111*

† $p< .10$; * $p< .05$; ** $p< .01$; *** $p< .001$

有意な相関が見られた．③出向ダミーとヨコの異動経験との間に正の相関関係があった．

　まず①については，上述のように B 社はグループ全体で 1 つの理念を掲げ，親会社にグループ全ての従業員が意識を向ける環境にあるため，親会社への同一化，所属企業への同一化，そして職業的同一化，全てが正の相関を示していた．しかし係数の値に着目をすると，所属企業同一化と職業的同一化は非常に強い関係なのに対し，親会社同一化と他 2 つの間には相対的に弱い関係しか見ることができなかった．このことは，Ashforth & Mael（1989）や Bartels et al.（2007）による低次元のアイデンティティが顕現しやすいという主張とも一致する．つまり，現場責任者である回答者は親会社の重要性は理解しながらも「所属企業のために努力する」あるいは「責任者としての自覚をもって職務に励む」といった意識づけをしながら働いていることがうかがえる．そして B 社の理念やそのマネジメント以外の要素が強く同一化に影響している可能性もこの関係から読み取ることができる．

　②については，勤続年数と異動の関係を見ると，ヨコ異動も縦横異動も共に勤続年数と 0.1% 有意の正の相関が確認されている．このことは，B 社が一定期間置きに従業員を異動させていることを示唆している．また，出向経験とヨコ異動の間に有意な関係が見られたのに対し，縦横異動との間には有意な関係が見られなかったことから，出向が直接的に昇進・昇格に繋がる可

106 第Ⅱ部 実証研究

能性は低く，仕事経験の幅を広げる意図で行われている可能性が考えられる.

　③については，先述のようにこの分析では調査方法の事情から明確にヨコとタテとナナメの異動の区別することが難しい. ヨコ異動からナナメの可能性をある程度排除する方法として偏相関分析が考えられ，縦横異動を統制して他の変数とヨコ異動の相関関係を確認した. その結果，男性ダミーと 5% 有意の正の相関（r = .128），職業的同一化との間に 10% 有意の負の相関（r = -.095）が確認された. 他方，ヨコ異動を統制して他の変数と縦横異動の相関関係を見てみると，親会社同一化との間で 5% 有意の正の相関（r = .108），男性ダミーとの間で 5% 有意の負の相関（r = -.108），勤続年数との間で 0.1% 水準の正の相関（r = .177）が確認された. これらのことから，B 社では男性従業員に対して広く仕事経験を積ませる傾向にあるのに対し，女性従業員には職務の幅を広げさせるより，昇進を経験させる傾向にあると予想される. この背景には，B 社が近年女性活躍を推進しているという事情が関係しているとは考えにくく（女性の平均勤続年数は 21.69 年であり，近年の取組みがキャリアに大きな影響を及ぼすとは考えにくいため），昇進できている女性に対して専門職のような役割を企業が期待している可能性が考えられる. ただし，女性サンプルは 26 人で，全体の 7.4% に過ぎない. そのため，この結果が B 社全体の男女に対するマネジメントを反映させていると考えるのは危険だが，現データからはそのように読み取れる.

　この相関分析からは B 社について以上のようなことが考えられる.

2-4　異動と３つの同一化との関係

　続けて，B 社における異動と同一化の関係について見ていくが，以下ではヨコ異動と縦横異動を別々に投入し，その影響力を検討している. それは，縦横異動にヨコ異動が含まれているので多重共線性が発生してしまうため，これを回避する目的で分析を別にしている.

　まず総括的に異動の影響について述べると，ヨコ異動も縦横異動も，親会社，所属企業，職務，３つの同一化に対してほとんど影響を与えていなかった（表 3-9, 3-10, 3-11）. 身近な職務や雇用先の企業といった何かしらを意識して仕事をすることは自然なことだと考えられるが，それが結果に表れて

いない．その理由として，コープ A の分析で見たように，異動の間隔を考慮せずに単純に回数で異動を操作化することによって，異動から得られる学習効果が分析に反映されていないためではないかと考えた．

また，コープ A の分析ではサンプルの職位にバラつきが見られ，そのた

表 3-9　B 社における親会社同一化の回帰分析

従属変数：親会社同一化	Model 1	Model 2	Model 3
統制変数	(β)	(β)	(β)
男性ダミー	$-.091^{\dagger}$	$-.096^{\dagger}$	$-.093^{\dagger}$
勤続年数	$.135^{*}$	$.122^{*}$	$.107^{*}$
出向ダミー	$-.102^{\dagger}$	$-.107^{\dagger}$	$-.105^{\dagger}$
独立変数			
異動（ヨコ）		.058	
異動（縦横）			$.092^{\dagger}$
R^2	.031	.033	.038
調整済 R^2	.022	.022	.027
F	3.670^{*}	2.979^{*}	3.461^{**}
F 変化量		.909	$2.775^{\dagger}$

†p<.10; *p<.05; **p<.01; ***p<.001

表 3-10　B 社における所属企業同一化の回帰分析

従属変数：所属企業同一化	Model 4	Model 5	Model 6
統制変数	(β)	(β)	(β)
男性ダミー	$-.007$	$-.001$	$-.005$
勤続年数	$.112^{*}$	$.126^{*}$	$.132^{*}$
出向ダミー	$-.055$	$-.050$	$-.053$
独立変数			
異動（ヨコ）		$-.055$	
異動（縦横）			$-.065$
R^2	.013	.016	.017
調整済 R^2	.004	.004	.005
F	1.499	1.373	1.462
F 変化量		.993	1.345

†p<.10; *p<.05; **p<.01; ***p<.001

108 第Ⅱ部 実証研究

表 3-11 B社における職業的同一化の回帰分析

従属変数：職業的同一化	Model 7	Model 8	Model 9
統制変数	(β)	(β)	(β)
男性ダミー	$-.121^*$	$-.111^*$	$-.119^*$
勤続年数	.039	.060	.054
出向ダミー	$-.129^*$	$-.121^*$	$-.127^*$
独立変数			
異動（ヨコ）		$-.087$	
異動（縦横）			$-.051$
R^2	.027	.034	.030
調整済 R^2	.019	.023	.018
F	3.243^*	3.058^*	2.640
F 変化量		2.461	.838

$^\dagger p<.10; \,^* p<.05; \,^{**} p<.01; \,^{***} p<.001$

め職位の変化（タテの異動）によって同一化を説明するということもできた．しかし，B社の場合はサンプルが管理職であることから，全員が少なくとも複数回のヨコ異動と1回以上の昇進経験を持つ．そのため，サンプル内で異動回数の分散が小さくなってしまい，同一化の変化を説明できていないのだと思われる．もちろん，この解釈はコープAの分析結果に則ったものであり，異動経験が同一化に影響するはずだという前提の下の考察である．

　従属変数と統制変数の関係性に視点を移すと，親会社と所属企業に対する同一化は共に勤続年数から有意に正の影響を受けていた．しかし，職業的同一化に勤続年数は影響を与えていなかった．前者は古典的研究の主張（例えば，March & Simon, 1958）を支持し，後者は近年の研究の主張（特にPratt et al., 2006）を支持する．Pratt らによれば，職業的アイデンティティの定義には「現在の職務内容」が深く関わる．B社のように人事異動を定期的に実施する企業では，長期間にわたって職務内容が変更されないという状況は考えにくい．したがって，他の同一化とは異なり，勤続年数が職業的同一化に影響を与えていない結果についても納得がいく．また，日本では企業に参入することをしばしば"就職"ではなく"就社"などと言うように，意

識の矛先が職務ではなく所属企業に向けられることが多い．そのため，勤続年数を重ねていくことで所属企業や親会社への同一化が強まっていったのだろう．

このように考えると，異動と勤続年数には正の相関関係が見られることから，やはり異動経験によって親会社あるいは所属企業との同一化について有意な結果が回帰分析から得られていないことを議論する必要がある．そこで，異動間隔をコープ A と同様に変数として用いて分散分析を行った．その結果を交えながらさらなる考察をしていきたい．

2-5　異動回数と異動間隔の関係

コープ A の分析と同様に，異動回数と異動間隔の影響を検討するために分散分析を行った．まず，親会社同一化に対する分散分析は Levene 検定により等分散性が確認されたため，Tukey の HSD 検定を用いて多重比較を

表 3-12　B 社の親会社同一化に対する多重比較
（従属変数：親会社同一化）

		n	平均（SD）	平均値の差（SD）	
ヨコ異動	少	40	3.55 (.639)	少－中	.029 (.169)
				少－多	－.130 (.167)
	中	126	3.55 (.733)	中－多	－.159[†] (.090)
	多	185	3.65 (.634)		
異動間隔	狭	119	3.55 (.647)	狭－中	－.146 (.166)
				狭－広	－.145 (.141)
	中	112	3.65 (.694)	中－広	.001 (.131)
	広	120	3.61 (.677)		

[†] p<.10; [*] p<.05; [**] p<.01; [***] p<.001

110 第Ⅱ部　実証研究

表 3-13　B 社の所属企業同一化に対する多重比較
（従属変数：所属企業同一化）

		n	平均 (SD)	平均値の差 (SD)	
ヨコ異動	少	40	3.85 (.736)	少－中	.078 (.179)
				少－多	－ .130 (.167)
	中	126	3.61 (.737)	中－多	－ .213* (.095)
	多	185	3.77 (.701)		
異動間隔	狭	119	3.58 (.786)	狭－中	－ .394* (.175)
				狭－広	－ .395** (.149)
	中	112	3.84 (.609)	中－広	.000 (.139)
	広	120	3.76 (.733)		

†p<.10; *p<.05; **p<.01; ***p<.001

　行った．所属企業同一化に対する分散分析は 5% 有意，職業的同一化に対する分散分析は 0.1% 有意で等分散性が棄却されたため，Scheffe 検定を用いて多重比較を行った．それぞれの結果は，次の通りである．

　まず，親会社同一化に対する異動回数の主効果は非有意（F=1.631, df=2, n.s.），異動間隔の主効果は非有意（F=.568, df=2, n.s.），交互作用も非有意（F=.440, df=4, n.s）という結果になった．多重比較の結果を見ると，異動を多く経験している従業員は，中程度の回数よりも親会社同一化が高かった（表 3-12）．

　そして，所属企業同一化に対する異動回数の主効果は有意（F=2.550, df=2, p<.10），間隔の主効果は有意（F=3.761, df=2, p<.05），交互作用は非有意（F=.656, df=4, n.s）という結果になった．このとき，異動回数が中程度よりも多い方が有意に所属企業同一化に対して強い影響を与えていた（表 3-13）．さらに，頻繁に異動を繰り返す従業員よりも，間隔が中程度か広い

第3章　人事異動と組織的同一化の探索的調査　**111**

表3-14　B社の職業的同一化に対する多重比較
（従属変数：職業的同一化）

		n	平均（SD）	平均値の差（SD）	
ヨコ異動	少	40	4.03 (.530)	少－中	.210 (.171)
				少－多	.169 (.169)
	中	126	3.85 (.716)	中－多	－.040 (.090)
	多	185	3.86 (.677)		
異動間隔	狭	119	3.80 (.819)	狭－中	－.163 (.167)
				狭－広	－.084 .142
	中	112	3.93 (.596)	中－広	.079 (.133)
	広	120	3.90 (.586)		

†p<.10; *p<.05; **p<.01; ***p<.001

　方が有意に強い主効果が見られた．最後に，職業的同一化に対する異動回数
の主効果は非有意（F=.762, df=2, n.s.），間隔の主効果は非有意（F=.478,
df=2, n.s.），交互作用も非有意（F=.355, df=4, n.s）だった．異動回数と異動
間隔の多重比較を見ても，有意な差は確認されなかった（表3-14）．

　全体を通して交互作用に有意差は見られなかったものの，所属企業同一化
に対する2つの主効果では有意差があったため，その変化を追う目的で交互
作用効果についても確認した．図3-5によると，総じてどの組合せも所属企
業同一化への影響が強いことが分かる．多重比較の中で間隔の狭い異動と中
程度あるいは広い間隔とで有意差が見られたように，その影響力の差がはっ
きりと交互作用に表れている．傾向としては，非連続異動の経験が多いとき
従業員の所属企業同一化は高まるようだ．

　以上の結果を踏まえると，異動間隔そのものが同一化に対して影響するこ
とが明らかになったため，先述の重回帰分析のように間隔を考慮しない分析

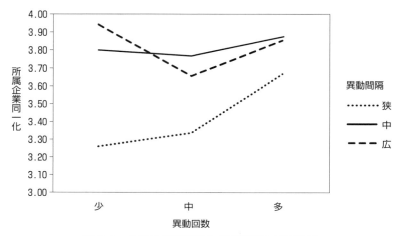

図3-5 B社の異動回数と異動間隔の交互作用

では異動と同一化の関係が見えてこなかったものと思われる．ではなぜ，本分析において親会社同一化がすべての間隔条件において有意な結果を得られなかったのだろうか．この点については，サンプルに原因があると考えられる．B社のサンプルは店長やゼネラルマネージャーといった現場責任者であり，彼らの役割は親会社の業績を高めることの前に自らが管理する部門あるいは所属企業の業績を高めることである．そのため，日ごろの職務の中で顕現させるアイデンティティは親会社アイデンティティではなく，所属企業アイデンティティであったと推測される．したがって，サンプルの問題が背景にあるのだとすれば，この分散分析で親会社同一化と職業的同一化に対して異動が有意に影響を与えていなかった理由は納得がいく．言い換えれば，先のコープAの分析でもアイデンティティの顕現の問題が関わっていたと言えるかもしれない．

2-6 B社の分析から見えてくるもの

B社の分析から見えてきたものは大きく2つある．第1に，従業員は職務を何らかのアイデンティティに則って行っているということである．コープAの分析では，非連続異動が直接的に組織的同一化に影響を与えていなかったのに対し，連続異動は影響を与えていた．この背景には顕現性の問題が絡

第3章　人事異動と組織的同一化の探索的調査　　**113**

んでくると考えたが，その可能性はB社分析で支持する結果が得られた．
つまり，3つの対象に分けた分散分析から，異動経験が同一化に有意な影響
を与えていたのは所属企業同一化だけであった．このとき同時に，親会社，
職務に対しても質問をしているため，回答時にどのアイデンティティが顕現
していたかで回答に変化が生じたと考えられる．仮に顕現性の主張が否定さ
れるのであれば，他2つの同一化が異動歴から同様に有意な影響を受けてい
るはずである．それが見られなかったということは，回答時点で特定のアイ
デンティティを1つ顕現させていたという根拠になり，この調査の妥当性を
部分的に示すものだろう．

　第2に，B社の概要でも述べたように，B社は親会社で1つの理念を掲げ，
その理念達成に向けて親会社社長の強いリーダーシップがグループ全体に対
して発揮されている．しかし，組織アイデンティティの"理想"とも言える
経営理念を意識することで親会社アイデンティティが顕現するという結果は
得られなかった．分析結果は，異動経験は所属企業同一化にのみ影響を与え
ていた．なぜ予想に反した顕現性が現れたのか，その理由は2つ考えられる．

　まず，従業員が低次元のアイデンティティから順に同一化していくことを
支持している可能性である（cf. Bartels et al., 2007）．この考えが正しいので
あれば，B社でも時間あるいは経験をさらに積むことで親会社同一化にも異
動経験や仕事経験そのものが影響を与えるようになるはずである．しかし，
平均勤続年数が25年を超えるサンプルに対してこの可能性を求めるのは現
実的ではなく，またサンプルは店長以上のポジションについていることから
も，現在の環境でこれ以上親会社を意識するような職務を多く与えられると
も考えにくい．したがって，この1つ目の可能性は弱い主張に留まる．

　残る解釈が，役割による影響である．「役割に基づく自己定義」とされる
役割アイデンティティ（Ashforth, 2001）が，それに結びつく社会的アイデ
ンティティに強く影響を与える可能性が考えられる．先の考察でも触れたよ
うに，B社サンプルは店長やゼネラルマネージャーといった管理職であり，
彼ら自身も管理職という役割アイデンティティを持っていることだろう．彼
らは同時に，その所属企業の業績に対して責任を負う立場にあり，彼らの役
割アイデンティティは所属企業アイデンティティに強く結びついていると考

えられる．そのため，親会社アイデンティティではなく，所属企業アイデンティティが顕現したのではないだろうか．つまりは，職務にどれだけ密接に関わるかが顕現には重要だということになる．

マネジメントに目を向けると，従業員と施策（企業側の働きかけ）の距離感が職務遂行に影響するかもしれない．ここで言う「従業員と施策の間に距離感がある」という状態は，例えば経営理念を浸透させるといった抽象的で具体性に欠ける，それ故に頭では分かっているが日ごろ職務で意識を強く向けることが難しい，そんな取組みを距離感があると表現している．対して，意識を向けやすい具体的な取組みのことを距離感が近いと表現し，それには職場内での役割や目の前の職務といったものが当てはまる．こうした意識を向けやすい環境要因が結果として顕現性に作用したと考えられる．

3. 小括

本章ではコープ A と B 社の分析結果から，異動経験が単純に同一化を高めるわけではないと分かった．コープ A の分析によると，異動を連続と非連続に分けたとき，直接的な同一化への効果が見込めるのは連続異動であるのに対し，非連続異動は昇進・昇格にのみ影響を与えていた．加えて，B 社分析では，アイデンティティの顕現性が関係している可能性が示唆された．このことから，単純な質問紙調査では本書が明らかにしたい異動経験と同一化の関係性を解明することは難しいようだ．

また，職務での役割認識がアイデンティティの顕現に強く繋がることも予想された．このことは，①異動経験をどれだけ積んだとしても，そのときの職務あるいは職務環境に強く影響を受けてしまうという可能性と，②環境認識の仕方は異動経験によって変化し，異動のさせ方次第で企業の"思い通りに"役割を認識せることができる可能性，この 2 つが考えられる．現状の分析では，結果に役割認識が関係していることは考えられても，それに影響を及ぼす要因についてまでは検討する材料がない．

以上のように本分析では，先行研究レビューでの議論を部分的に深堀することができたと同時に，組織アイデンティティの中核といった，定量的調査では捉えきれない不十分さも含んでいた．次章では，ここまでの定量的分析

を受けてどのような RQ を設定し，そして定性的分析を行っていくのかについて見ていく．

第4章 リサーチクエスチョンの設定と調査概要

　第Ⅰ部での先行研究レビューと前章での探索的調査の結果を受け，その後コープ A でインタビュー調査を実施した．本章は，インタビュー調査に先立ち，RQ の設定と，コープ A の現状分析をすることを目的とする．この現状分析とは，RQ についてインタビュー調査を元に分析を進める前に，その土台となるコープ A のマネジメントについて議論することである．要するに，第3章の予備的分析と同じ位置づけになる．

　第3章の定量的分析では，異動経験が組織的同一化と強くは結び付かないという結果が示された．理論的検討と食い違う結果になった背景には，質問紙や客観データによるという分析の性格が関わっているように思われる．この定量的分析では，社内での職務が従業員にとって一律に重要であり，どういった異動も同じような意味を持つという仮定を置いていた．そして，従業員が日ごろ，どんなアイデンティティを顕現させて働いているのか，彼らは企業に自分を重ねようとしているのか（同一化），あるいは距離を置こうとしているのか（脱同一化）など捉えきれていない視点が多く残されていた．そういった残された問題を深く議論するために，インタビューを通じた定性的分析を行った．その分析に先立ち，必要になるのが RQ である．

　本書の取る定性的分析の方法は，Yin（訳書，2011）のパターン適合を参考にしたものである．この方法は，インタビュー調査に先立ち，理論仮説を構築し，その仮説とインタビューデータの間に共通するパターンがないかを分析するというものである．分析の結果，両者の間に適合が確認されると，理論仮説の一般化が高められる．これまで繰り返し定性的研究で使われてきた方法であるグラウンデッド・セオリー・アプローチのように，先行研究レビューをせずに現場に飛び込みデータ収集を行うことは，インタビュイー（インタビュー協力者）から的確に問題を聞き出すことを難しくし，さらに指針のない調査から得られた大量のデータの中からパターンを見つけられな

117

いリスクも非常に高い（Yin, 訳書, 2011）．その点，Yin の主張する方法は，データ収集前に理論的枠組みを作り，また調査研究を行ってからデータ収集に移るため，上記のようなリスクを回避できると彼は述べる．

本書は，この Yin のとる実証主義に基づく分析手法に厳密に則るわけではなく，あくまで参考にした．それは，定性的分析が定量的分析と違い，対象を「狭く深く把握すること」を目的としており（佐藤, 2008），仮説検証型の調査にしてしまうことで，質的データの良さを損なってしまう恐れがあると考えたためである．したがって，厳密な仮説ではなく，理論的に調査の問いを導くという意味で RQ の設定を行い，その答えを定性的分析から導くことにした．

1. リサーチクエスチョンの設定

前章の定量的分析とこれから見ていく定性的分析の最も大きな違いは，従業員の認識を分析で扱えるかどうかという点にあるだろう．定量的分析でも異動経験と組織的同一化の関係は分析することができたが，その前提となる企業のことや自らの仕事のことをどう考えているのかという従業員の認識に関わる点については不明であった．そこで，まず明らかにすべき問題は仕事関連のアイデンティティに関わる認識についてであろう．

これまでの議論から，仕事関連のアイデンティティが職務経験を材料に構築されることは明らかであるが，そのプロセスは判然としなかった．特に，仕事関連のアイデンティティが，現在の職務を通じて純粋に構築されるのであれば，まだ議論はさほど複雑化しない．しかし，職務経験は積み重ねていくものという捉え方の下，連続・非連続異動を単なる配置換えではなく「企業内キャリアを形成させる手段」として見ると，過去に培った経験が現在に活きていると考えられる．だとすると，仕事関連のアイデンティティも過去からの連なりの中で構築されると考えるのが自然である．例えば，営業部門で働いていた従業員が製品開発部門に異動になったとして，彼（彼女）は過去の経験を一切忘れて新たな職場で働くわけではなく，営業経験者として製品開発部で働くはずである．そう考えると，営業部門で形成した職業的アイデンティティが製品開発部門での組織アイデンティティ形成に何らかの影響

を及ぼす可能性は十分にある.

この傾向は，Bartels et al.（2007）が示したように，低次のアイデンティティから高次のアイデンティティへの影響という関係から説明される．職業的アイデンティティや職場アイデンティティは現在の職務環境を認識することで構築されるため，異動ごとに新たなものを認識しなおすことになる．しかし，例えば職場・部署だけ移る場合，所属部門は変わらないため，部門アイデンティティや組織アイデンティティのように包括的な対象は，異動後も継続して認識することになる．この"継続"が意味するのは単に，"営業部門""開発部門"といったラベルを使い続けるということだけで，異動により具体的な仕事が変われば，部門に対する認識も多少なりとも変わっていくことだろう．そのため，「営業のときには企業のことをこう思っていたが，製品開発に移ったら全く新しい企業のイメージを持つようになった」と感じることもあるだろう．もちろん，仕事である以上，周囲からの求めに応じてその職場に適した考え方を身につけることになるが，当人の中には過去の考え方が染みついているため，新たな環境で要求される働き方あるいは仕事関連のアイデンティティに違和感を覚えるかもしれない．特に，組織アイデンティティについては，「何でこうも企業についての印象が違うんだろう」と以前と現在の比較を行い，そこで見出される違いは職場の特殊性，共通する点は中核だと認識される．

また，こうした職場環境には背後に企業の意図が存在するという可能性は既に述べた．企業の意図が本当に影響を与えるのであれば，企業に同一化する従業員はその意図を汲み取った働き方をしてもおかしくない．しかし，B社の分析では，組織アイデンティティの理想形とも言える経営理念が強く結びつく親会社アイデンティティが顕現していない可能性が示唆された．これが定量的分析であったためか，B社特有の事情が絡んでいるのか，それとも他に理由があるのかは定かではない．したがって改めて，経営理念や組織イメージが組織アイデンティティに与える影響について，インタビュー調査でも見ていきたい．特に，経営理念を追求するよう戦略が策定され（Ashforth & Mael, 1996），企業はその理想に向かうため，経営理念は組織アイデンティティの大きな方向性を決め，内容にも大いに関係してくるように思われ

120　第Ⅱ部　実証研究

る．以上のことから RQ1 を次のように設定した．

　RQ1：組織アイデンティティはどのように構築されるのか
　　RQ1-1：どのように組織アイデンティティの中核を認識するのか
　　RQ1-2：他次元のアイデンティティは組織アイデンティティ形成にどの
　　　　　 ような影響を及ぼすのか

　本書が追いかける課題のうち，異動経験が組織的同一化に与える影響については，2 社を対象にした定量的分析の結果を用いて検討してきた．その結果，先行研究レビューの議論にあったように単純に非連続異動の経験が組織的同一化を高めるという関係ではなく，関係・役割といった他の同一化とも相互に影響しあっているという点，顕現性についても軽視することができない点などが明らかになった．A 社分析で示されたように，組織的同一化を高める施策はタテの異動であるかも知れず，異動をヨコに限定して同一化との関わりを説明するのは現実的ではないようだ．ただし，これらの結果は，定量的分析から得られたものと言う点に留意する必要がある．つまり，質問紙を用いて「事前に準備していた」変数間の関係を分析したものであるため，理論的予測が支持されなかった場合，その原因を明らかにするための用意は質問紙にない．したがって，定量的には，異動と組織的同一化の関係性は強く説明することはできなかったが，それが両者の間に関係がない，言い換えれば理論から組み上げた論理を否定するに足る結果とは考えにくい．そのため，インタビュー調査でも引き続き，異動経験と同一化の関係性について見ていく．

　RQ1 で組織アイデンティティの構築について触れたが，これは組織的同一化と関わりはないのだろうか．以前の職場では「うちの会社は自分に合っている」と強く感じるような組織アイデンティティだったかもしれないが，異動後に「この会社に自分は向いていないんじゃないか」と新たな職場で悩むことも起こりうる．企業と個人の心理的距離を同一化で説明するなら，組織アイデンティティの内容次第で同一化も左右されるはずである．したがって，定量的分析のように直線的な関係で組織的同一化と異動の関係を見るの

は現実を上手く反映していない恐れがある.

別の可能性もある. 従業員は自己証明行動をとり, 自己概念の維持を図る (Swann & Read, 1981). 周囲も同じような行動を取るため, 互いにすり合わせを余儀なくされ, そのやり取りを通じて次第に自分が受け入れられていく感覚を得る. その結果, 周囲に対して一体感を抱くようになる. この自己証明のプロセスは, 前半部分が組織アイデンティティ (あるいは仕事関連のアイデンティティ) 形成の説明であり, それが組織的同一化を促進することを述べている. このプロセスが正しいなら, まず環境が整備された後にそこに同一化するといった順番があるようにも思える. 神他 (1996) の実験のように, たとえ共有の認識がほとんどない状況でも従業員自身がそれを信じさえすれば内集団バイアスは生じる. 換言すれば, 組織アイデンティティの認識とは別に, 従業員は企業に同一化しうる. このように考えると, 何が従業員の同一化を後押しするのか分からなくなる. そこで次のような RQ2 を設定した.

RQ2：どのような異動経験が従業員を企業に同一化させるのか

従業員が仕事関連のアイデンティティを複数形成していくことによって, アイデンティティコンフリクトが生じる可能性が高まること, そしてそれが組織アイデンティティの中核を認識することによって抑制される可能性があることは既に述べた. 従業員がアイデンティティコンフリクトに陥る背景を改めて考えたい. 役割コンフリクトを例にとると, 周囲の人間関係が変われば, 当然期待される役割が変化するためコンフリクトを生じさせることや, 周囲と自分の役割に対する捉え方のズレを感じるとそれもコンフリクトを生じさせることがある (杉浦, 2013). こうした周囲からの期待や捉え方のズレを感じるのは職務で相互作用をするからであり, 自己証明の過程でコンフリクトが生じるのだと考えられる. 職務を進めるために周囲とコミュニケーションを取ることは避けられず, そこで自分の思い通りに周囲に動いてもらいたいと思う気持ちも抑えがたい. つまり, 職務環境が変化するとその都度自己証明をしようとするためにコンフリクトを抱えることになる. 見方を変

えれば，そのズレさえ解消してしまえばコンフリクトも感じなくなるため，コンフリクトは一定期間抱えるだけで済む．

互いに自己証明をしない落ち着いた状態，すなわちある種の均衡状態に達することは，「うちの職場ではこういう働き方・考え方が必要なんだな」と意識できていることを意味する．そのため，自分が思うこの職場で取るべき働き方がハッキリすると，それに関連するアイデンティティが顕現することになる．

このように仕事関連のアイデンティティが顕現するのに伴ってコンフリクトも解消されると考えると，職務環境の中で顕現性を規定する要因を明らかにする意義が高まる．多くの先行研究では顕現性の規定因を，主観的重要性・状況的関連性（Ashforth, 2001）や同化欲求・差異化欲求（Brewer, 1991）など，内的なメカニズムに注目してきた．そこに企業のマネジメントを持ち込むと，個人の認知や欲求が媒介変数となり，議論が複雑になりすぎる．そうではなく，企業の働きかけを原因，アイデンティティの顕現を結果に据えた因果関係を想定することによって，必要な取組みがより明確になるだろう．もちろん，明らかにする過程で内的メカニズムは関わってくるが，そこに上手く影響を与える取組みを考慮することは，企業の施策の"確からしさ"まで示すことになる．

定量的分析では，役割が顕現性に影響を与えることが示唆された．この両者の関係性を定性的分析でも確かめることができれば，顕現性をマネジメントできる可能性はより高まると言える．このようにマネジメントの実現可能性を視野に入れて，影響要因をさらに見ていく必要があるだろう．

また，自己証明行動と顕現性の間に見られる関係から，環境変化に応じてすぐにその場に適した新たなアイデンティティを顕現させるわけではないことが予想される．では，この新たなアイデンティティが顕現するまでの間，従業員はどのような態度を取るのだろうか．「新しい仕事は何も分からないし，とりあえず指示されたことだけやっておこう」と主体的に動かず自分の役割を意識しない状態なのだろうか．それとも，「何をしたら良いか分からないけど，以前の職場を思い出して動いてみよう」とその環境には適切ではないかもしれないが過去のアイデンティティを"再利用"する形で職務に取

り組むのだろうか．このように顕現性の時間的問題に答えを探す分析は，その間の従業員の適応行動についても同時に扱うことになる．このことから，RQ3 と RQ4 を次のように設定した．

RQ3：どのような要因がアイデンティティを顕現させるのか
RQ4：アイデンティティコンフリクトはどのように生じ，どのように解消されるのか

以上の 4 つの RQ に答えるため，まず以下で，現状分析を行う．

2．調査概要

インタビュー調査は，2014 年 6 月 14 日から 27 日にかけてコープ A で働く計 20 人の職員に対して行われた．内訳は男性 10 人，女性 10 人，勤続年数は 2 年から 39 年まで（平均 18.85 年，標準偏差 8.89 年）である．人事部職員に趣旨説明を行い，インタビュイーの選定を依頼した．依頼する際，インタビュイーは男女各 10 人ずつ，異動経験にばらつきが出るようにと選定の条件を設けた．

調査は半構造化インタビューを採用し，1 人につき 1 回，計 20 回実施され，各回およそ 1 時間から 2 時間の間で行われた．人事部からインタビュイーへごく簡単な事前説明はなされたが，こちらから事前に趣旨説明やインタビュー・ガイドラインは通知せず，当日インタビュー開始時に趣旨の説明を行った．インタビューの際，事前にインタビュイーのキャリアデータを人事部からもらい，それを基に過去の経験や日々の職務での考えなどを深く聞くことを心掛けた．また，組織アイデンティティと組織的同一化という抽象的な概念をインタビューから聞き出すため，例えば組織アイデンティティを質問する際には，「コープ A らしさ」「コープ A の特徴」といった言葉を用いながら，先行研究で組織アイデンティティの特徴として考えられてきた点（cf. Albert & Whetten, 1985; Barney et al., 1998; Corley, 2004）を確認し，理論との整合性を図った．組織的同一化に関しては，直接的に質問をする，あるいはそれを匂わせることで偽善的な回答が返ってくる危険性があるため

124　第Ⅱ部　実証研究

(Barker, 1998)．様々なエピソードの中から Ashforth & Mael（1989）の質
問項目と符合するものが多い答えをするインタビュイーは同一化の程度が高
いと判断した．インタビューは，インタビュイーの許可を取った上で IC レ
コーダーに録音し，後日文書化された．

3.　コープ A の現状分析

　RQ に対する回答を探っていく前に，インタビュー先であるコープ A とは
どのような組織なのか，第 3 章で行った客観的事実に基づく紹介ではなく，
インタビュー内容から明らかになる現状の分析をまず行う．そして，そこか
ら見えてきたコープ A の組織アイデンティティについて記し，定性的分析
の下地にしたい．

3-1　コープ A の理念教育

　コープ A が意識して，職員の自己概念を変化させるために働きかけてい
ることは何だろうか．1 つの手段としては，コープ A の理念を"正しく"伝
えるということだろう．先述のようにコープ A は新入職員に対して理念研
修を実施しており，生協の成り立ち・考え方・仕組みなど，広く教育するこ
とで理念への深い理解に繋げようとしている．また，様々な部門で働くイン
タビュイーから「組合員のために」をモットーにしているという声が聞けた．
職員自身が組合員でもあるわけだが，彼らが組合員の代表としてコープ A
の事業に取り組み，自分たち組合員の生活を支えるという意識を喚起する言
葉だと考えられる．そのため，経営理念や生協組織の考え方を別の言葉で言
い表しているとも解釈できる．以下でも取り上げるが，職員自身の考える組
織アイデンティティを質問した際，この「『組合員のために』をモットーに
している」と答えるインタビュイーもいた．こうしたことから，コープ A
は理念教育に非常に力を入れており，それが行き届いているようにも思える．
組合員の代表として事業をする組織としてコープ A を捉えた場合，観念的
にはコープ A は組合員と切り離すことができず，コープ A の理念は組合員
全体で共有することが理想である．実際，理念の共有の活動は組織内に留ま
らず，組織外にも広げている．

基本はCIマーク[1]があるんで，それについては一番目立つところに，外壁であるとかそういうところにCIマークを入れると．あと，他の量販にはない万人プレートと言いますけど，あの例の「一人は万人のために」という，あのプレートはいちばん目につく位置に置きたいなと．あれはうちの社訓というか，一番のトレードマークなので，他の量販にはないので，一応ここは生協ですねというのを置くと． 　　　　　　　　　　　　　　　　　　　　　　　　　　　　（男性，本部職員[2]）

　店舗の目立つ箇所に"万人プレート"という理念をこめたマークを取り付けることで，組合員にコープAの店舗だと認識させるだけでなく，その背景の理念も伝えることを意図している．またコープAは日々，組合員活動や様々な機会を通じて職員と組合員の接点は多く，組合員同士の横の繋がりもある程度[3]出来上がっていることから，組合員の間にもコープAの理念は認識されていると思われる．実際に，職員に入所前のコープAに対するイメージを聞いたところ，"助け合い"や"支えあい"といった言葉を口にする人もおり，理念が組合員の間でもある程度共有されている証拠だと考えられる．
　このようにコープAは理念を非常に重視している組織であると分かるが，理念浸透にとって教育はどれだけの効果があるのだろうか．経営理念は既に述べたように，創設者の信条や企業の根底にある価値観に関わるものであるため，単純な字面の理念教育では理念の本質的な部分は職員に浸透しにくい．上述の男性本部職員のように，組合員がコープAの理念を認識しているということは，組合員と直に接する職員が理念を行動・態度で示しているからだと予想される（Friedman, 2009）．仮に職員が理念に反する発言や態度を組合員に示した場合，組合員はそれを「コープAの考え」として捉え，コー

---

1)　CIとはCorporate Identityの略称であり，企業が内外から単一の企業として同一視されやすいようにコミュニケーションの統一を行うこと（八巻，1984）を言う．したがって，直訳すれば企業アイデンティティであるが，その意味するところは組織アイデンティティと大きく異なる．
2)　以降の分析との関係で，宅配事業と店舗事業の職員を"現場職員"と呼称し，その他の事業に携わる職員を"本部職員"とする．また，匿名性の観点から，年齢や所属については伏せ，性別のみ明記することとする．
3)　世代や所得層によって分散はあるようだが，概ね子育て層と，中長期的にコープAを利用している組合員層は横の繋がりが強いと言われている．

126　第Ⅱ部　実証研究

プAに対するイメージを修正しかねない．結果として，そのことが，組合員が理念を理解することから遠ざけることになる．したがって，職員に対するキャリア初期の理念教育はコープAのイメージを維持する意味でも，組合員への理念浸透の意味でも非常に重要な意味を持つ．では，理念教育を研修という形で行ったとき，その効果はどれだけのものが期待できるのだろうか．以下にまず，パートタイマーに対して行った研修結果についての発言を見てみる．

　　ある程度お店で働いて時間の経った方だけ集めて，トレーニー研修か何かをやってくれるんですね．そこでコープの理念について，色々学んでくるということで，それは研修をすると変わりますね．大事なんだなって思いますよね．色々感想をこちらからも聞いていったりしていても，あまり嘘じゃないと思うんです．本当にそういう気持ちになったんだと思いますね．　（男性，本部職員）

　　理念教育は同じようにしていますけど，理念教育って言っても入った時にみんな集めて一方的に話を聞くみたいな感じなので，それ一回で理念が入ってくるかと言えばなかなか入ってきませんよね．もちろん研修のときは変わると思うんですけどね．すぐに元に戻ってしまうと思いますね．それは熱意の違いなんですかね．　　　　　　　　　　　　　　　　　　　　（女性，現場職員）

　両者の意見に食い違いが見られる．前者は研修の効果があったと述べているが，後者は研修を一過性の効果に過ぎないと考える．これは，研修そのものの効果の違いか，もしくはパートタイマーという仕事の性質上，組織にコミットしていない（あるいはするつもりのない）人への研修がこのような違いに繋がったとも考えられる．では，パートタイマーではない正職員であるインタビュイーはどういった経験をしてきたのだろうか．彼らは入所し，理念研修を受け，理念を理解し，現場の第一線（主に宅配事業）でその理念を上手く仕事に活かすことができていたのだろうか．

　習ったことを何となく頭に置いている，みたいな．やっぱり新入職員である程

度の理念とかは勉強しますんで．ちょっとだけは頭に入っているじゃないです
か．それが頭の隅っこに入っている状態で漫然と仕事をしていたと．

（女性，現場職員）

[研修で理念を勉強][4]しましたね．素晴らしいなと思いましたね．ところが一番
困ったのは貴金属売ってこいだとか，ネックレス売ってこいだとか，高級な羽
毛布団売ってこいだとか，そういう供給が理念と本当に合うのかっていうのが
ものすごいジレンマが当時からありました．　　　　　　（男性，現場職員）

　現場というのは組合員と直に接する職場であり，本部よりも経営理念や組
織アイデンティティについて意識する機会の多い部門である（cf. Bartel,
2001; Cheney & Christensen, 2001）．理念研修を受ける時期は基本的に現場
の部門に配属されている頃であり，その研修効果には一過性と言えどもある
程度の効果を見込めると考えたが，実際には否定的な声が得られた．前者は
理念があくまで知識のレベルで留まり，理念を意識して職務に取り組んでい
たということではなかった．それどころか後者は，理念を職務で意識しよう
としたためか，研修で得た理解と職務との間にズレを感じていた．少なくと
も，後者は一時的に理念を理解しているのだろうが，職務の中でジレンマを
感じたことによって理念を行動にまで落とし込めてはいなかったようだ．理
念を深く理解できていた場合，それが彼らの態度に表れるのだとするなら，
彼らには共通して，理念教育が上手く結果（理念を反映した態度）に結びつ
いていないことになる．つまり，若手の宅配担当や店舗担当の職員と接する
組合員は，その接客からコープ A の理念を十分に感じ取っていない可能性
がある．しかし，宅配を利用する組合員は多くが職員を "コープさん" と親
しみを込めて呼び，どの職員に対しても一様に接するようだ．例えば，ある
職員がコープ A らしくない行動を職務でとっていた際に，もし組合員がそ
れを指摘したり，態度に表わしたりするなら，それをきっかけに職員は自身
の態度を見直す可能性もある（cf. Bem, 1967）．だが，職員が理念を態度に

―――――――――――
4)　[　]内は筆者挿入部．以下，発言引用部内については同様．

128 第Ⅱ部 実証研究

落とし込んでいなくとも組合員の態度が変わらず，理念に関する理解を職員自身が振り返る機会は仕事の中ではあまりないように思われる．

　仮に現場の職員が理念をしっかり態度に落とし込めていなくとも，組織全体として理念を形骸化させていないからこそ，組合員が職員に対して親しみを込めて接し，コープ A を利用し続けているのだと思われる．理念研修は理念を深く理解するための第一歩だと考えると，深い理解に辿り着くには様々な経験やそれに伴う時間も必要となるのかもしれない．そうだとすると，組織アイデンティティは理念が浸透した後に段階的に形成されていくのではなく，同時並行的に形成されていく可能性もある．つまり，職務経験を積む中で理念を深く理解していきつつ，その組織アイデンティティの理想を意識しながら「我々は何者か」と自問自答して組織アイデンティティを常に再認識していくのだと思われる．字面の理念教育以上の働きかけは，コープ A が行っている施策には見られないが，コープ A の現状を見るに，職務経験を通じて職員は理念をある程度他の職員とも共有していると思われる．そのため，職務経験をどのように積ませたかが理念浸透と組織アイデンティティ形成の観点から重要な意味を持つと言える．

3-2　コープ A 内部における対立構造

　しばしば，1 つの企業が内部の派閥で分かれたり，目指す方向性の違いで分かれたり，社内に対立構造が出来上がっていることがある．既に述べてきたように，組織アイデンティティは多重的であり（Albert & Whetten, 1985; Ashforth & Mael, 1989），それは生協であっても例外ではない（Foreman & Whetten, 2002）．多くの研究は，組織アイデンティティの功利的側面と規範的側面に注目する．功利的側面とは，経済合理性・利益最大化・効率性などを追求するアイデンティティである．他方，規範的側面とは，伝統を重んじ，イデオロギーの内在化や維持を求めるアイデンティティである．組織内でそのどちらか一方を重視することで対立が生じることがある（e.g., Glynn, 2000）．規範的側面はコープ A の理念から直接的に影響を受けるものであり，事業を支える考え方が功利的側面に当てはまる．このことをコープ A でも意識し，職員に理解を促しているようだ．

僕らは生協の供給を担っている仕事をずっとしてきたんで，要はそこで両輪って話をよくされるんですね．理念を回す，こっちは経営を回す，どっちもないと生協は動かない組織なんやって．ずっと僕らは供給畑で働いてきていて，その壁を乗り越えたから今普通に働けているんですけど，そのギャップとかその壁に誰しも若い職員はぶち当たって，そのときに自分たちのやってることも生協運動の大事な部分なんだよ，って先輩なんで教えてあげないといけないかなって思いますね．

（男性，現場職員）

　ここで言う「経営を回す」とは，すなわち功利的側面を指す．ここでの話は，現場の職員は規範的側面を意識しやすく，逆に言うと功利的側面を意識しにくく，キャリアの最初の頃はコープ A の功利的側面を目の当たりにし辟易する経験が必ずあるということを言っている．どの部門の職員もコープ A の一員として理念を意識して仕事に取り組み，それと同時に事業を継続的に行っていくためにも功利的側面を理解あるいは意識できている必要がある．しかし，この職員も言うように，現場の部門が行う供給は，規範的側面を意識しやすい．他方で本部の職員は，相対的に功利的側面を意識しやすい．本来は，どちらの側面も等しく理解し意識していることが望ましいのだろうが，現実はどちらかに偏ることが多いようだ．特にコープ A における規範的側面と功利的側面の境界線を引くものは，組合員への意識の強さだと思われる．

　　一般企業だと営利が最優先で，会社で見たら株主というのがありますが，コープ A の一番特徴的なのは，組合員さんありき，組合員さんの生活を良くするため，というところをメインに考えてすべて行動をしているので，そこらへんが一番大きなところかなと．

（男性，現場職員）

　組合員さんの顔は確かにイメージしてないかもしれないですね．全然してないね．本当はしなくちゃいけないのかもしれないけど．イメージしなくても仕事ができちゃうんです．でも，職員が，みんながやる気のスイッチが入ったら，お客さんが気持ちよく買い物をしてくれるんじゃないですかね．態度が良く

なったり，良い商品を仕入れてきたり．　　　　　　　　　　（女性，本部職員）

　この「組合員のために活動をする」という意識は，理念に対する理解・意識に関わる．宅配や店舗といった現場で働く職員は，常に組合員を目の前にしているため，仮に理念を強く意識せずとも，組合員志向で働くことは自然とできるだろう．しかし，例えばバイヤーや店舗開発といった本部での職務は，組合員との物理的距離もあり，日ごろ組合員と接する機会が少ないため，自ら意識しないことには組合員の姿は思い浮かばないのかもしれない．また，本部職員が組合員を思い浮かべたとしても，彼らが現場で働いていた頃に接していた組合員は想像できるが，それは現在の組合員とのズレが多少なりともあるだろう．そのことについては本部職員も認識しているようだ．

　　今僕らが入った頃のそのイメージでしか組合員のイメージがないので，どうしても 10 年 20 年いると，疎遠になってしまうという．そこが本部としても苦しいところでしてね．よく会社の中で言われるのが，「誰に向いて仕事をしてるねん」と言われるんです．最終的には誰が喜ぶか，組合員が喜ぶというのを選択肢にせえというのが一応うちの部署の方針で，悩んだとき，組合員が喜ぶのはどっちやという，一応そういう主軸は持っているんですけど，具体的にですね，日々ああしたいこうしたいというのはないものでして，最終的に悩んだときは職員のためなのか，誰のためなのか，組合員のためにどうなのよというのを判断の基軸にしようというのがうちの部署としてはずっと言われていることですね．　　　　　　　　　　　　　　　　　　　　　　　　　（男性，本部職員）

　この職員は，最終的な判断基準として組合員への意識は持っているが，その組合員の姿が既に現実の組合員とは異なると理解している．つまり，組合員と接していない時間が長ければ長いほど，頭では「組合員のために」ということを意識していても，日々組合員と接する現場職員からすれば，感覚や考えのズレを感じさせる要因になるのかもしれない．また，上述のようにそもそも日々の仕事の中で組合員を意識せずに過ごす本部職員もいるため，そうした本部職員と現場職員が接することで，現場職員は本部に対して大きな

マイナスイメージを抱く可能性が高い.

この現場と本部の意識の違いを組織アイデンティティの各側面と業務の関わりで捉えると，現場は常に規範的側面に立つことのできる部門であるため，本部との距離を感じやすい．一方，本部は，功利的側面を意識しやすい業務を行っている職員の場合，対照的な規範的側面の側にいる現場との距離を感じるかもしれない．しかし，本部は必ずしも功利的側面を意識しやすい業務ばかりではなく，例えば接遇のように現場職員との接点を日ごろから多く持つような部門だと現場と本部の距離を強く意識することもあまりない可能性がある．以下に現場職員による本部の評価と，本部職員による現場の評価を見てみる.

（本部職員が打ち出すのは）生協らしさが出ない企画だと思います．意識は建前上はしているんでしょうけど，［生協らしさを企画として］見せれてないんでしょうね．本部の人たちは，さんざん店を知っている人たちが本部に行ってるはずなのに，本部に行ってしまったら，もう店にあまり顔を出さなかったりしてて，こういう現状があるんじゃないかなと思いますね．　（女性，現場職員）

労働組合さんとか，やっぱり本部って本部なんですよ．やっぱりトップダウンのダウンが現場やということを構図として思う人が多いし，そうなると現場も知らないのに本部はわけのわからない指示をしてくると．そういう本部対現場みたいな構図は，時々二項対立の構図ってすぐ作りたくなるでしょ．この会社だけでなく，どこの会社もあると思うんだけど，それはあると思いますわ．少なからずあると思います．よくみんなぶーぶー文句言ってるね.

（男性，本部職員）

前者は，本部は現場を理解していないという両者の距離をはっきりと意識しており，それに不満を感じている．それに対して後者は，そもそも現場と本部の間には役割の違いから距離があって当然で，現場が不満を感じていることも冷静に認識している．こうしたことから，コープ A を「一枚岩の組織」と呼ぶには難しく，長年特定の部門に居続ける，あるいは現場と本部と

132　第Ⅱ部　実証研究

いったようにある程度組合員との距離に差異が見られる括りの中でキャリア
を重ねていると，彼らの抱く組織アイデンティティ間にも大きな乖離が生じ
てしまう可能性が高い．これは，入所当初に理念研修をしたところで，その
後の職務の中で組織や組合員について考える機会が大きく異なれば，当然の
結果なのかもしれない．とは言え，本来経営理念を実現するために策定され
る戦略や，経営に意識を向けて形成する組織アイデンティティの功利的側面
は，間接的にであっても経営理念の影響を受けているはずである．そのため，
功利・規範とあたかも別々のアイデンティティのような印象を受けるが，両
者には共通する部分があると思われる．ではこの共通する部分，すなわち組
織アイデンティティの中核を職員はどのように認識しているのだろうか．次
章では，具体的に各職員の形成する組織アイデンティティについて見ていく．

4.　小括

　本章では，RQ の設定と，コープ A の現状分析を行った．現状分析では，
コープ A が理念教育を重視している事実と共にその効果について見たとこ
ろ，どうやら理念教育は理念浸透のための第一歩という位置づけにあり，職
員それぞれによる深い理解や組織アイデンティティへの反映には，その後の
職務経験が重要な意味を持つことも分かった．そして，1 つの理念を重視し
ながらも，一枚岩ではいられない現状も確認された．つまり，日々組合員に
接する現場職員はある意味で生協らしく，組織アイデンティティの規範的側
面を重視しているのに対し，本部職員は一般企業のように利益を意識して，
組織アイデンティティの功利的側面を重視していた．こうしたことは，組織
による職場環境に対するマネジメントだけでは組織を 1 つに束ねることは難
しく，従業員に対するマネジメントが必要であることを暗に示しているとも
考えられる．

第5章　コープAの人事異動と組織アイデンティティ

　前章で4つのRQを設定した．以降ではその1つ1つに対してコープA を題材に答えを探していく．まず本章ではRQ1について議論することにする．具体的には，インタビュイーの話の中から浮かび上がってくる，組織アイデンティティと彼らのこれまでのキャリアを比較し，その間に何らかの関係性が見出せないか，そして彼らはどのようにそのアイデンティティを作り上げたのかについて検討していく．

1. 組織アイデンティティ構築と人事異動のパターン

　本調査では部門を跨ぐ異動を非連続異動と定義し，それ以外，すなわち同じ部門内での異動あるいは過去に職務経験のある部門への異動は連続異動と定義し，非連続異動の経験の質的・量的な違いで職員の組織アイデンティティにどういった変化が見られるのかを確かめる．また分析の切り口としてこれまでの議論から2つの視点を取り入れている．まず，組合員との距離という視点である．組合員と日々直接的に接しながら仕事をする現場，その現場職員と接する本部，現場職員ともあまり接点を持たない本部の3つに分けた．次いで，部門の在籍期間という視点である．各部門での業務内容・独自の考え方，その部門から見た組織アイデンティティなどを十分学ぶ期間としておおよそ4年から7年を要すると言われており（cf. Hayashi, 2013），その期間を満たすか明らかに満たない在籍期間かどうかを確認している．

　単純な非連続異動の回数で見たとき，インタビューの中で最も多い回数は5回，続いて多いのが3回であった．しかし，彼らから共通した組織アイデンティティは見出せなかった．もしかすると，現場の中で非連続異動を多く経験している人と，本部（特に組合員と接点のない部門）の中で非連続異動を繰り返している人では，同じ異動回数を経験していても組織アイデンティティに違いが大きく出てしまうのかもしれない．それは，第4章の対立構造

133

134 第Ⅱ部　実証研究

の話で見たように，コープＡが一枚岩ではないという現状からも大よそ推察される．つまり，単純な非連続異動の回数ではなく，どのような職務を経験してきたのかという過去のキャリアを見ていくことで，現在彼らが認識する組織アイデンティティに何らかの規則性を見出せるのではないかと考える．このことは，異動経験と組織的同一化の関係性を定量的に分析した先述の結果を踏まえても言える．

　ここで一度20人の異動歴を見ていくと，経験した職場数が最多で11，最少で1であった（表5-1）．全体の傾向として，キャリアの大半を現場の部門もしくは本部の部門で過ごす人が多く，質・量ともに両者のバランスの取れた人は少ない．なお表5-1は，経験した職場が2段組みになって示されている．枠内の上段は本部と現場という2分類をしており，既に述べたように組合員との距離で仕事を3段階に分けている．現場は仕事で直に組合員に接するため［現場（0）］と組合員との距離をカッコ内の数字で表現している．本部のうち，現場職員と接する本部部門を［本部（1）］，現場職員とはほとんど接点のない本部部門を［本部（2）］とした．下段は，その部門で在籍した期間を大よその年数で記している．例えば，インタビューＣの2番目に配属された現場（0）の在籍期間が0と記されているが，これは半年に満たない期間籍を置いていたということである．職場をこのように3つに分けて見てみると，本部でも現場職員との接点を多く持つ部門（1）と，ほとんど持たない部門（2）の間での異動を経験した職員も確認されなかった．こうしたことから，組合員との距離の違いで，部門ごとに求められる専門性や考え方に違いがあり，そのために専門性横断的な異動は行われてこなかった可能性が考えられる．また以下に示すように，コープＡは部門ごとに指示命令系統が管理されており，それゆえに部門ごとの考え方がはっきりと違うと職員間でも感じられるようだ．

　完全な縦割りになっているので［部門ごとでの考え方の違いを］感じますよ．全部違うなって．本部やとどちらかというと，組合員さんが中心ではないってことはないんだけど，なかなかそこがまず出ることはないですね．商品部のときとかやったら，利益とかね．そういう，結局は私的なものがまずあったって

表5-1　インタビュイーの異動歴

職員	連続	非連続	1	2	3	4	5	6	7	8	9	10	11
A	2	2	現場(0) 2	本部(2) 9	現場(0) 0.5	現場(0) 1.5	本部(2) 12.5						
B	6	3	現場(0) 4	現場(0) 2	現場(0) 3	本部(1) 3	本部(1) 3	本部(1) 4	本部(1) 2	本部(1) 17			
C	1	2	現場(0) 5	現場(0) 0	現場(0) 2	本部(2) 13							
D	4	5	現場(0) 5	本部(2) 5	本部(2) 2	本部(2) 2	現場(0) 1	現場(0) 1	現場(0) 0.5	現場(0) 2	現場(0) 2	本部(2) 4	
E	1	2	現場(0) 3	本部(2) 11	本部(2) 1								
F	6	3	現場(0) 6	現場(0) 5	現場(0) 1	本部(1) 0.5	本部(1) 4	現場(0) 10	本部(1) 1	本部(1) 3	本部(1) 1	本部(1) 1	本部(1) 0
G	4	3	現場(0) 4	現場(0) 0.5	現場(0) 3	現場(0) 0.5	本部(2) 9	現場(0) 2					
H	2	2	現場(0) 4	本部(2) 4	本部(2) 2	本部(2) 2	本部(2) 0.5						
I	7	1	現場(0) 1	現場(0) 2	現場(0) 1	現場(0) 4	現場(0) 3	現場(0) 2	本部(1) 6.5	現場(0) 1.5			
J	2	2	現場(0) 3	現場(0) 2	現場(0) 14	現場(0) 1.5	現場(0) 0.5						
K	6	3	現場(0) 2	現場(0) 2	現場(0) 1	現場(0) 1	現場(0) 5	本部(2) 1	現場(0) 2	現場(0) 1.5	現場(0) 5	現場(0) 1	
L	1	1	現場(0) 16	現場(0) 1	現場(0) 5								
M	1	1	現場(0) 4	本部(2) 1									
N	2	2	現場(0) 3	本部(2) 0.5	現場(0) 3	現場(0) 0.5	現場(0) 4.5						
O	5	0	現場(0) 6	現場(0) 2	現場(0) 4	現場(0) 5	現場(0) 2	現場(0) 2	現場(0) 2	現場(0) 2			
P	3	1	現場(0) 3	現場(0) 9	現場(0) 1	現場(0) 4	現場(0) 4	現場(0) 1					
Q	6	0	現場(0) 2	現場(0) 6	現場(0) 2	現場(0) 2	現場(0) 6	現場(0) 0.5	現場(0) 0.5				
R	1	0	現場(0) 9	現場(0) 2									
S	2	1	現場(0) 2	現場(0) 0.5	現場(0) 1	現場(0) 0.5							
T	0	0	現場(0) 2										

凡例

職場（組合員との距離）
在籍年数

いうのが正直ありますね．チラシにこの商品を載せたら，こんだけ売れるから載せるとか．でもそれ本当に組合員さんにとってどうなのかっていうのは全くなかったっていうのはあります．　　　　　　　　　　（女性K，現場職員）

このように，部門ごとに考え方が異なり，その上，専門を跨ぐような異動があまり行われていないと，互いの考え方を修正する機会も限られ，各々の

立場からコープＡや組合員のことを考えるため，現場と本部の溝は深まる一方だと思われる．では，これまでのキャリアを一貫して現場で過ごしてきた職員と，入所時に配属された現場勤務（宅配事業部門あるいは店舗事業部門）以降，長らく本部で勤務をしている職員との間で組織アイデンティティにどういった違いが見られるのだろうか．

> 私は宅配一色ですので，色々な活動をしている中で，やはりコープＡらしさと言うと，まず頭に浮かぶのは宅配事業ですね．それから組合員活動．この２つは自分自身が関わってきたこともありますけど，一番やはりコープらしい，一番の生協らしい代表じゃないかなと．　　　　　　　　　　（男性Ｏ，現場職員）

> コープＡっていうのは一般企業ではない，株式でもない，出資・利用・運営で成り立っていますので，地域の組合員様のお役立ちであったり，支店のところは地域の方々のお買い物ももちろんなんですけども，生活であるとか，スタイルであるとか，そういうところなんかが一般の方に一番近いところで運営していける組織なのかなっていう風に思います．　　　　　　（女性Ｊ，現場職員）

> 組織の考え方自体が，やっぱり組合員さんを大切にしているってこともありますし，色んな場面で組合員さんの力を借りてる部分ってあると思うんですね．それが，流通業の中でも他の企業と違うところなのかなと．　（女性Ｃ，本部(2)職員）

> 組合員さん主体で動けたら，私は一番いいと思っているんですけど，やっぱりそこへ行くまでの何かサポートというかお膳立てというか，そういうものができる役割を果たせたらいいなと思います．どこの企業さんもそうだと思うんですけど，お客様第一とかって色々言われるかと思うんですけど，そこが組合員さんが立ち上げられて，組合員さんによって運営されるというお店というのは入所した時からずっと私たちは学んできていますし，そこが唯一他の企業さんと違うところだよということをずっと言われてきたので，やっぱりそのことがメインに出せる組織じゃないといけないと思いますね．　　　　（女性Ｆ，本部(1)職員）

前半の２人は長年現場で勤めてきた職員の組織アイデンティティに対する

声であり，3人目が日ごろ現場職員とも接点をあまり持たない部門で働く職員の声，4人目が日ごろ現場職員と関わる部門の職員の声である．現場と本部で大きく区分して比較を行うと，現場職員は「対組合員」ということを強く意識してコープAのアイデンティティを考えているように感じられる．つまり，職務として組合員に何を提供するのかというコープAの供給面が前面に出た形になっている．これは組織アイデンティティに職業的アイデンティティが強く影響している可能性が推測される．

　一方，本部職員は「組合員と一丸になる」という考え方を強く意識した組織アイデンティティになっている．これは近年のコープAの経営層が「本部は現場をサポートする仕事であり，問題提起や新しいことを始めるのは現場の仕事」という考えを述べており，それが本部でも共有された結果なのかもしれない．言葉を換えれば，組合員や現場職員のサポートに徹するのが本部の職務であるから，本部ないしはコープAが何かをするときは組合員や現場が主体となってまず動くしかなく，したがって本部は彼らを巻き込み一丸となって取り組むことにコープAらしさを見出しているのかもしれない．

　職員のこれまでのキャリアをそこで確認される組織アイデンティティの特徴に基づいてパターン化すると，以下の3つに分けることができる．

パターン1：「対組合員」
　　①現場のみ
　　②現場→本部(1)[1]
　　③現場→本部(1)→現場
パターン2：「組合員と一丸になる」
　　①現場→本部(2)
　　②現場［4年未満］→本部(2)→現場
　　　［4年未満］→本部(2)
パターン3：「先駆的な活動をする」
　　①現場→本部(2)→現場

---

1)　表記の簡略化を目的に，A→B→Cであれば「最初A部門を経験し，次いでB部門，そして現在のC部門に異動」と解釈するよう"→"を用いる．

パターン１では，「対組合員」として組織アイデンティティを考えている人が多い．しかし例外として，例えば先に引用した本部(1)に勤務する職員Ｆが挙げられる．この職員は，パターン１に該当しながらも，組織アイデンティティとして「対組合員」を考えていない．その理由は，この職員の部門が組織外の人と折衝する機会が多く，現場職員や組合員と仕事で接しはするものの，功利的側面を意識する機会が多いために，本部(2)の職員が抱く組織アイデンティティに近いものを形成しているのだと考えられる．

このパターン１で頻繁に確認される単語として，"安全・安心"と"地域密着"というものがある．安全・安心はコープＡが組合員に提供するサービス全体に付与している価値であり，前面に押し出しているポイントでもある．地域密着は，組合員の近くでコープＡが常に活動をしているという意味合いで述べる職員が多かった．この２つのキーワードに共通して「対組合員」という考えが根底にあるように思われる．安全・安心を組合員と一緒に作り上げるわけではなく，コープＡが組合員に届けるものとして捉えており，その提供先は各地域で生活する組合員である．このパターン１は，基本的に日々組合員と顔を合わせる仕事か，そうした現場職員と接する仕事をする本部(1)を経験した職員であり，組合員との距離が比較的近いという特徴がある．

パターン２では，上述の「組合員と一丸になる」というコープＡのアイデンティティを職員が抱く傾向にある．この組織アイデンティティは，現在のコープＡ経営層の考えに強く影響されているものと思われる．つまり，本部の考え方というものをしっかり自分の中にも持っているために，このような組織アイデンティティを形成しているのだろう．パターン２の２つのタイプに共通する特徴は本部の在籍年数が長いという点である（現場在籍期間の約２倍以上の期間を本部で過ごしている）．しかし，パターン２の中にある両タイプの違いとして，①「現場→本部(2)」が現場を４年以上経験した後に本部に異動しているのに対し，②「現場→本部(2)→現場→本部(2)」は現場在籍期間が４年未満であるという点が挙げられる．後者は現場で組織アイデンティティの構築や職場の考え方を十分に身につけずに本部に異動していることになる．こうした違いを含みながらも両タイプは同様の組織アイデ

ンティティを構築していることを考えると，長く在籍している職場のアイデ
ンティティに職員の意識が強く影響される可能性がある．

　以上のパターン１と２には１つの共通点が見て取れる．それは，どちらも
組織アイデンティティを「株式会社と生協の対比」で捉えているという点で
ある．そもそも，パターン１の「対組合員」もパターン２の「組合員と一丸
になる」も，コープ A 以外の他の生協でも見られる考え方だろう．つまり，
「コープ A らしさ」ではなく「生協らしさ」について答えていることになる．
コープ A のアイデンティティとは本来，株式会社との比較だけでなく，他
の生協との比較を通じて，コープ A にしかない特徴あるいはコープ A にし
か提供できない価値であるのが望ましい[2]．しかし，他の生協との違いをイ
ンタビューで聞いてみると，ほとんどの職員が「知らない」あるいは「歴史
の古さ」「組織の規模」と答えていた．歴史の古さや組織の規模は，コープ
A のアイデンティティに関わる要素ではあるが，あまり強く他の生協を意
識していないのが現状であった．それは，消費生活協同組合法のために，他
の生協を強く意識せずとも運営ができるためとも考えられる．しかし，当該
県下で活動をする生協はコープ A だけではなく，他にも複数存在する．そ
のため，継続してコープ A が組合員の生活を支えていくためには，他の生
協にはない独自の価値（アイデンティティ）を意識できているのが理想であ
ろう．

　パターン３では，他の生協にはない，コープ A ならではの組織アイデン
ティティが確認された．それは「先駆的な活動をする」というものである．
パターン３とパターン２の違いを見ると，パターン３は現場でまず４年以上
の職務経験を積み，そこで組織アイデンティティを形成する．その後本部で
さらに４年以上の経験を積み，そこでも組織アイデンティティを形成する．
その本部で形成した組織アイデンティティを持って，さらに現場で４年以上
の経験を積むことで，本部の視点を現場の供給面でも取り入れることができ，
コープ A だからこそ組合員に届けられる価値を考える機会を仕事の中に見

---

2)　この主張は，「所属組織の中心的，特異的，連続的な特徴」（Albert & Whetten, 1985）という
　組織アイデンティティの代表的な定義の中の，特に“特異的”という部分に由来する．つまり，
　他の組織と比較して，その組織独自の特徴をアイデンティティとすべきと考えるためである．

つけた可能性がある.

　私が若いころのコープ A ってね，結構世間では二の足を踏むようなこと，世間ではあまりまだ早いんじゃないかって言われるようなことをですね，取り組むようなことがあったんですね．例えば，PL 法の制定ですよね．業者側にとっては PL 法っていうのは製造物責任法ですので，あまり成立してほしくなかったはずなんですよね．コープ A は率先して署名運動をしたのかな，成立に向けて頑張ったんですよね．あと買い物袋の件でもそう．やっぱり，尖がった取り組みっていうんでしょうかね．まず時代の一歩先を見つめたというか，取り組むようなことがありましてですね．　　　　　　　　（男性 D，本部(2)職員）

　イメージ的には，先駆者ってイメージですね．先駆者っていうのは，今安心安全が当たり前になってしまいましたけど，昔そういうのがなかった時代に要は国ができない，民間もできない，そこのところをパイオニア的に入っていったってのが，"らしさ"．消費者が求めることを開拓していったっていうところが．　　　　　　　　　　　　　　　　　　　　　　　（男性 G，現場職員）

　パターン 3 を基に，パターン 2 で予測した「長く在籍している職場のアイデンティティに職員の意識が影響される」という考えを再度検討してみる．パターン 3 に該当する職員の履歴を見ても，最も長く在籍していた部門が本部だった．しかし，彼らの形成する組織アイデンティティとパターン 2 のそれとは異なるものであったことから，上述の予測は的を射ていない可能性が高い．パターン 2 の特に②のタイプの職員は，2 度目に配属された現場で組織アイデンティティを上手く形成できないまま，再度本部に配属になっており，そのために本部で形成される組織アイデンティティが前面に出てしまったと考えられる．つまり，在籍した長さが重要というよりも，その職場で組織アイデンティティを上手く形成したその後に次の部門に異動していることが重要だと考えられる．
　このパターン 3 の「先駆的な活動をする」というアイデンティティは，コープ A の概説で触れた組織アイデンティティの中核に含まれるものと思われる．つまり，コープ A はこれまで他の企業や他の生協に先んじて様々

な取組みをしてきており，先進性や実験主義を重んじた考え方が組織アイデンティティの中核に位置するのではないかと考えた．先駆的な活動は，この実験主義的経営を直接的に意味する，あるいはこの経営方針の具体的な活動内容を指すと思われることから，パターン3に分類される職員をここでは組織アイデンティティの中核を認識できていると判断する．

2. 組織アイデンティティ構築の認知的プロセス

　このように組織アイデンティティは日々の職務経験から構築される．異動を通じて経験に多様性が与えられることによって，異なる組織アイデンティティが現れる．ではこの組織アイデンティティは，過去の組織アイデンティティを基礎としたその上に新たなアイデンティティを塗り重ねるように構築されるものなのか，それとも過去のアイデンティティとは別に新たにアイデンティティを構築し，パズルのピースのように組み合わせ，俯瞰したときに最終的な組織アイデンティティが現れてくるのか．そうした，組織アイデンティティが構築される認知的プロセスについて，次に見ていきたい．

　コープAではまず全員が現場からキャリアをスタートさせ，その後現場に留まる職員，本部に異動する職員と分かれるわけだが，基本的に，過去に構築したアイデンティティを後の職務でも参照しながら新たな組織アイデンティティ形成に影響を与えたり，他方で，新たな職務経験を基礎として過去のアイデンティティの再解釈が行われたりしているようだ．ただし，全員が必ず，入所してしばらくしてからコープAに対してネガティブなイメージを抱くことが確認されている．

　KC[3]にまず最初に配属されると，間違いなくコープAに対するすごく良いイメージがちょっとポキッと折れちゃうんですね．やっぱり言うても仕事の中身は営業じゃないですか．配達も体力使うし，雨に濡れてもビショビショになりながら配達していく，だからそういうところで結構ハードな部分も正直ある中で，各個人個人が数値目標を持って配送業務にあたっていますから，「何のため

---

3)　宅配事業の意.

142 第Ⅱ部 実証研究

に生協入ってきたんだろう，俺．モノ売れモノ売れって言われるけど」みたい
なね． (男性O，現場職員)

これは一種のリアリティ・ショック[4](小川，2005)だと考えられるが，
この経験により一時的にコープAに対してそれまで抱いていたアイデン
ティティを否定する考えを持つ職員も少なくない．しかし，これは通過儀礼
のようなものとして経験され，入所からこれまでの経験を振り返ることで，
職務の意味を再認識し，改めてコープAのアイデンティティを構築するよ
うだ．リアリティ・ショックを脱するまでの期間には個人差があるが，多く
は宅配事業部門に勤めている間に脱する．その後，職員には初めての異動の
辞令が出る．現場の中での異動の場合，現場が規範的側面を強く意識する環
境であることや，上で示したように結果として抱く組織アイデンティティが
類似していることからも推測できるが，最初に構築した組織アイデンティ
ティを「過去のもの」として考える傾向は薄いようだ．

[宅配事業から店舗事業に異動してもコープAのアイデンティティは]そう変わ
らなかったですね．組合員さんに信頼されているコープってイメージも変わら
なかったですし，ネガティブな方で苦情，クレーム，お申し出って言うのは店
舗ではもちろんありますし．怒鳴って来られる方とかもいらっしゃるし，そう
いうのは共同購入[5]ではなかったことなので，やっぱり最初は戸惑いますけど，
やっぱりお申し出はお申し出でね，やっぱり良くしようと思って言ってくだ
さっているので，そういうのは良いことばっかりではないなって店舗に行って思
いましたね． (女性K，現場職員)

細かな業務内容は違えど，宅配事業も店舗事業も組合員と直に接する仕事
であり，そのため宅配事業で形成した組織アイデンティティを継続して持ち
続けられているのかもしれない．しかし本部は組織アイデンティティの功利

---

4) リアリティ・ショックとは，職務や企業に対して抱く自分の期待と，企業での職務や企業へ所
  属した実際とのギャップに初めて出会うことから生じるショックのことを指す．
5) 宅配事業の意．

的側面を強く意識しやすく，現場で形成したアイデンティティとは様相が異なるだろう．その本部に現場から異動すると，現場の頃の経験を振り返り，再解釈を行う．入所直後にリアリティ・ショックを覚えた職員は現場勤務中に改めて組織アイデンティティを構築するものの，負のイメージは少なからず引きずることになる．しかし，本部に異動をして異なる角度からコープAを見ること，あるいは今までとは全く異なる職務を経験することから，現場での経験を振り返る機会を得る．

［バイヤーの］仕事が組合員に物を買ってもらう仕事だったもので，どの商品を仕入れたら，どれが一番喜ばれるかみたいな物差しは［宅配事業の仕事と］一緒ですね．でも，私がバイヤーとして物を売ったらKCの人も喜んでくれるし，売れるものを紹介したらメーカーさんも喜んでくれるし，問屋さんも喜んでくれるし，組合員も良いもの紹介したら嬉しいし．　　　（女性H，本部(2)職員）

この職員が述べるように，現場と本部で職務の考え方には大きな違いがあるが，組織としての考え方，あるいは組織アイデンティティには共通する部分が存在する．それは過去の現場経験を振り返ったり，現場での組織アイデンティティを再解釈したりすることで得られる．また同時に，再解釈により得られた組織アイデンティティを基礎として本部での組織アイデンティティを構築しようとする．次に示すように，本部では現場で構築したアイデンティティを持って日々の仕事を執り行うため，その影響を受けるものと思われる．

［組合員からとても信頼されている企業だと感じるので］現場にいるときは，すごい企業だなというイメージはやっぱりありましたね．今は本部業務なんですけど，特には店舗業態を専門にやっているので，その中で他の量販の良いところは盗みながら，コープらしさですよね，コープ商品の展開するコーナーであるとか，組合員さんがゆっくりできるスペースを確保するだとか，そういう形で組合員さんに貢献していこうかなというのは他の企業にはないところです．
　　　　　　　　　　　　　　　　　　　　　　　　（男性A，本部(2)職員）

144　第Ⅱ部　実証研究

　このように，現場で構築した，組織アイデンティティを前提として，それと相容れない形ではなく，補完的な形で本部において組織アイデンティティを構築している．言い換えれば，現場の部門間で異動を繰り返すことで"現場視点"の組織アイデンティティが維持・強化されるように，現場から本部に異動した場合も，過去の組織アイデンティティを基礎として新たな組織アイデンティティを構築する．しかし，たとえ全職員が最初に宅配事業（現場）を経験するとしても，その後に本部の部門間で異動を繰り返すことで，本部の組織アイデンティティが何層にも塗り重ねられていき，現場と本部の組織アイデンティティにズレが生じる可能性がある．本部職員が口にする「現場（または組合員）から意識が離れる」ということが組織アイデンティティにも表れているものと思われる．

　本章第1節のパターン3で見られた異動歴と組織アイデンティティの関係性から明らかなように，本部で組織アイデンティティを構築した後再度現場に戻ることによって，組織アイデンティティの中核が認識されやすい．それは，本部から現場に異動することで，これまでのキャリアに一貫する考え方や，組織アイデンティティを内省する機会を得るためであろう．特に組織アイデンティティの中核部分が認識されうる理由として，過去の経験を反映させて構築しているため，各職場で構築した組織アイデンティティの間に共通する部分が見られるためだと考える．

3.　小括

　本章では，従業員は組織アイデンティティをどのように構築するのかについて見てきた．まず最初に，コープ A で構築される組織アイデンティティを確認し，その内容とキャリアパターンの関係性について調べた．その結果，組織アイデンティティは大きく3つに分類することができ，それぞれが異なるキャリアパターンに紐づくことが明らかになった．なぜキャリアパターンの違いで個々人が認識する組織アイデンティティに差異が生じるのかは，その後に議論した認知的プロセスから説明することができる．つまり，部門を異動することによって，それまでの組織アイデンティティの認識を改め，新たな環境で再解釈した後に，その内容を補完するように新しい組織アイデン

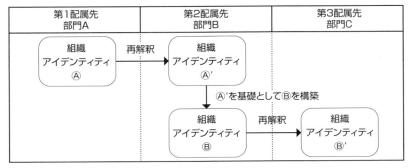

図 5-1　組織アイデンティティの多重化プロセス

ティティを構築するようだ．このプロセスは図 5-1 に示される．

　すなわち，カテゴリーで区別してしまえば組織アイデンティティという単一のものであるが，その内容は多面的であることがインタビューから明らかになった．そして，従来は組織アイデンティティに対して規範的・功利的という大括りでの区別を用い，あたかもある環境では規範的側面を意識し，他の環境では功利的側面を意識するといった，明確な区別がつくような議論のされ方であった．しかし，現実にはそうではなく，職務環境を変化させることによって，現在を過去と関連づけて捉えていることが分かったのである．

第6章　コープ A における組織的同一化

　本章では，定量的分析で明らかにすることができなかった人事異動と組織的同一化の関係について改めて光を当てる．それと同時に，果たして従業員を企業に同一化させることが正しいのかという問題についても議論していく．従来の定量的研究では，企業の発展にとって同一化は必ずや貢献するものという信念に近い考えの下，多くの研究が積み上げられていった．しかし，それでは議論として不十分であり，企業の発展に資する人材となるためには，組織アイデンティティを行動に反映させていること，そもそもその認識が適切であること，といったいくつかの条件が課される．ある意味で，これまでの研究蓄積に批判的な議論をする目的で，本章では異動経験と同一化の関係，アイデンティティの顕現性，アイデンティティコンフリクトの問題について扱っていく．

1. 組織アイデンティティの変化と帰属意識・同一化の関係

　アイデンティティの認識の変化に伴い，コープ A の職員の帰属意識・成員性（同一化）にも変化が見られる．しかし，先ほどのような組織アイデンティティの中核を認識するかどうかという点ではなく，構築した組織アイデンティティの下で多様な経験を積んでいるのかどうかということが関わっているようだ．例えば，これまでのキャリアを現場だけで過ごしてきた職員の組織アイデンティティと，本部が長い職員や現場と本部を行き来している職員の形成する組織アイデンティティでは質的に異なるものだったとしても，それぞれのアイデンティティの下で経験を積むことで，帰属意識や組織との同一化については等しく高められるようだ．

　その帰属意識・成員性の変化は，無関心から強い同一化へという単調なものではなく，懐疑心から同一化，そして両価的なものへと質を変えていく．まず入所して多くの職員がリアリティ・ショックを経験し，コープ A に対

148 第Ⅱ部　実証研究

して疑問を抱くようになることは前章でも説明した．現場で経験するリアリティ・ショックは，入所前に抱いたコープ A に対する期待，あるいは理念研修で強調されるコープ A の規範的な側面を強く意識して仕事に臨んだとき，必ずしもその期待に沿うものではない現実を目の当たりにすることからくるようだ．

> 結構同じ地区で宅配事業とお店の事業で実績の取り合いとか，あっちに持って行かれんようにこっちで確保しろよとか，実はあったりして．それって理念にある支えあいとかそういう，自分のイメージにもありました助け合いとかと全然違うなって思うところはありますね．実績を求めるとやっぱりそういう組織的な対立じゃないですけど，ありますよね．利益が前面に出てしまうというか．思っていたより対立しているなっていう感じですかね．そういうのはもろにマイナスですよね．
> 　　　　　　　　　　　　　　　　　　　　　　　　　（男性 T，現場職員）

　入所直後にコープ A に対して疑問を抱くことでコープ A との心理的な距離感が開いた状態からキャリアはスタートすることになる．その後，様々な部門や職務を経験し，組織アイデンティティを構築していく．そのアイデンティティを抱きながら日々の仕事をこなしていくうちに，価値観の内在化が進み，帰属意識が高まるものと思われる．繰り返しになるが，現場の部門間で異動を繰り返している職員と，キャリアの大半を本部で過ごしてきている職員では，構築している組織アイデンティティが異なるが，コープ A に対する彼らの帰属意識にはその組織アイデンティティの内容は直接的には関わってこないようだ．実際に，構築しているアイデンティティが異なる 2 人から，コープ A に対して同様に同一化して働けているという声が聞けた．

> 僕らはコープに入って組合員さんと接することでコープ A ってことを改めて素晴らしい組織だって認識をして，この組織を存続させるために，要は組合員活動や環境活動やって言っても組織として存続させるためには利益を生まないといけないっていうシビアな部分があって，僕はその利益を，コープ A のために利益を出す，コープ A を存続させるために利益を出すのが僕の一番の仕事なの

かなとかっていう風に思っていますね．今から環境についての部署に行って何かをするっていうんではなく，今はマネージャーなんでその次は店長を目指して，そのお店になくてはならない，コープのお店を閉店させないために守って，守るだけじゃなくてやっぱり良さっていうのを出して，今押されてきているコープＡの情勢っていうのを跳ね除けて，10年先20年先，僕の子供が大きくなったときにコープＡってのはやっぱり地域になくてはならないものであって欲しいって僕は思いますね．

（男性Ｐ，現場職員）

組織として存続するために，その時その時で判断していくべきことがあると思いますし，何かだけをすごく追求して一本筋が通った形でずっと揺るがずやるってことも大事だと思うんですけど，やっぱり世の中も変わってきていて，でもコープＡは何としても残していかないといけない組織だと思うので，そのために今何ができるかってことを思った時には，今の荒療治も仕方ないという風に判断するのか，そこは常に私は，ある意味コープＡを信用してるというか，ついて行っていて大丈夫っていうか，私の中ではそういう気持ちですね．長い間見てきて，それぞれの上位者の思いもわかりますし，それはその時その時で判断したことなので，それは良いことか悪いことかはわかりませんけど，それに従って自分ができることは何かって言う風に思おうとしています．

（女性Ｆ，本部(1)職員）

この２人はそれぞれに抱く組織アイデンティティが異なっており，前者は"地域密着"と"安全・安心"をコープＡのアイデンティティだと考えており，後者は「組合員主体で動く組織」だと考えている．この２人には，アイデンティティの内容に加え，現場と本部という仕事内容の違いも関係しており，細かな発言内容に違いは見られる．しかし，基本的に「コープＡのために自分は何をできるのか」ということを２人とも意識していることが読み取れる．こうした考えは帰属意識が強くなければ持ちえないものだと思われる．また，過去のアイデンティティを基礎として新たなアイデンティティを構築しているため，異動することで著しく帰属意識が弱められることも考えにくい．この論理で考えていくと，異動を繰り返していくことで帰属意識は強化されていくことになる．

150 第Ⅱ部 実証研究

　しかし，現実には様々な経験を経ることで職員はコープ A に対して好意
と懐疑という食い違う感情を持つようになる．まず，好意を抱くことは，彼
らがコープ A に自分を重ねている証拠である．その理由は 2 つの方向から
考えられる．1 つは，コープ A を好意的に評価しているからコープ A の価
値観やアイデンティティを内在化させているという好意が先にくる場合，も
う 1 つはそれとは逆で，仕事を通じてコープ A ならではの考え方が刷り込
まれることによって自然と帰属意識が高まりコープ A を好意的に見るよう
になるという帰属意識が先に醸成される場合，である．そこにはコープ A
に対して懐疑的になったり不満を抱いたりする要素は見当たらないが，職員
は様々な経験を積むことでポジティブとネガティブ，両方の感情を共存させ
るようだ．

　　やっぱり色んな場所から色んな仕事をしていくことによって，やっぱり考える
　　んですよね．自分の人生なんで，自分の人生を充実したものにしたいという気
　　持ちは誰にでもありますので，しかも仕事を通してですね．言ってしまえば，
　　仕事が一日の間で一番時間を費やしているわけですから，これ抜きにして充実
　　させるなんて有り得ないですよね．色々仕事のことで考えて，何とか充実した
　　ものにしたいってのは当然あります．で，色んな位置に行ったら，「生協とは」
　　とか協同組合の運動・活動とか，小売業として売ることとか考えますね．当然
　　考えます．また，協同組合は旧勢力になってしまっていてダメなんじゃないか
　　と考えないことはないです．ただね，そうじゃなしに，この協同組合って仕組
　　みがダメなんじゃなしに，コープ A のこのやり方がいかんのだ，もっと違う方
　　法でやれる，だって違う生協さんは非常に地域に貢献して上手くいっていると
　　こもあるんですから．うちのやり方が悪いんじゃないかって気も一部ではする
　　んですよね．何とかよくしていきたいって気持ちは非常にあるんですよね．そ
　　の中で，色んなところに異動していく度に色んなことを考えていって，組織に
　　対する愛着も当然出てきますよね．共同購入組合に思い入れなかったら全然考
　　えないと思いますね．　　　　　　　　　　　　　　（男性 D，本部(2)職員）

　部門ごとに求められる職務が違うように，部門ごとに職員が各々考えるこ
とも違う．そのため，多くの職員は，実際には声にならなくても日々の職務

第 6 章　コープ A における組織的同一化　　**151**

の中でコープ A に対する不満や疑問を持っている可能性がある．しかし，そういったネガティブな要素よりも，コープ A の一員として働いていることを誇りに思ったり，コープ A に愛着を抱いたりといったポジティブな要素の方が相対的に大きい場合，意図してネガティブなことを考えない限り，日常的にはポジティブな考えを持って職務に従事するのかもしれない．

　この男性本部職員は，先の分析で，組織アイデンティティの中核を認識できていると判断された職員である．この職員は単純な異動回数も多いが，十分な学習期間を経て現場と本部の往復異動をしているという点で，特徴的な職務経験を積んでいる．各職場で職員が何かを考えるとき，その基礎になるのはその人の個人的アイデンティティやパーソナリティ，あるいは組織アイデンティティである．だからこそ，どのように組織アイデンティティを捉えるかという内容が重要になってくる．

　　僕は理念は理念で変わらないかもしれないですけど，今の時代に合わせた解釈ができてないんちゃうかなと思いますけどね．教えられるのは抽象的なことじゃないですか．じゃあ具体的には何をするべきなんですよって，ここが翻訳できてないと思います．だから見えない．ぼんやりとは分かるけど，じゃあそれって自分の仕事に置き換えたら何かなって．　　　　　　（男性 G，現場職員）

　つまり，組織アイデンティティの中核を認識できている人（インタビュイーの言う「今の時代に合わせた解釈ができている人」）は，そうでない職員に比べ，コープ A の一員として自分が何をすべきかを明確に理解することができる．そして，そのような職員は，組織アイデンティティの中核から示される本来コープ A があるべき姿と現状のギャップを意識することができるので，現状に不満を覚えるのかもしれない．このように考えると，一貫して現場で職務経験を積んできた職員は組織アイデンティティの中核を十分に認識できていない可能性があり，「コープ A の一員」として自分が何をすべきかを明確には理解できていないかもしれない．ただし彼らはその代わり，「現場の職員」としてものを考えコープ A（あるいは本部）に対する不満を抱く可能性があるが，それはアイデンティティの中核を認識している職員の

152 第Ⅱ部 実証研究

抱く不満とは質的に異なるかもしれない．そのため，「コープＡの一員」として愛着を覚えつつ，「現場の一員」としてコープＡに不満を持つという，異なる立場から相反する感情を持っている可能性があるので，１つの立場から相反する感情を持つ職員とはまた異なるものである．

このように，帰属意識，同一化が強い職員がコープＡに対して不満を抱くことによって，注意喚起や問題提起といった，現状をどうにかしようというモチベーションが高まると期待できる．これは，強い帰属意識が長期勤続意思を喚起する可能性があり，現状の問題点を解決する動機を彼らが持つためである．

2. アイデンティティの顕現プロセス

アイデンティティが多重的なものであることは何度も述べたが，インタビューイーの声からも個人的アイデンティティ，職業的アイデンティティ，部門アイデンティティ，組織アイデンティティなど，様々なレベルのアイデンティティが確認されている．職員はこれらのアイデンティティを要所要所で選択して行動に反映させているが，平時にはどのようなアイデンティティが行動を支配しているのだろうか．

コープＡにおけるインタビューの中で顕現していたアイデンティティは大きく２つであった．１つは職業的アイデンティティであり，もう１つは組織アイデンティティであった．前章のキャリアパターンと組織アイデンティティの関係で見たように，コープＡの現場部門では組織アイデンティティが職業的アイデンティティから強く影響を受けており，そのため，現場部門の間で異動を繰り返している職員の場合，職業的アイデンティティ，つまり自らが宅配事業部門あるいは店舗事業部門の一員であるという意識を強く持って職務に臨んでいることがうかがえた．また現場だけではなく本部でも，職業的アイデンティティが組織アイデンティティに影響を与えている傾向が見て取れ，特に職能資格でＳ職（スペシャリスト）に割当てられる職員は現場の部門間で異動を繰り返している職員と同様に職業的アイデンティティが顕現していた．

第6章　コープAにおける組織的同一化　**153**

部署によって，ゼネラリストを求める部署とスペシャリストを求める部署ってあるじゃないですか．環境[1]なんてどっちかって言うとスペシャリスト養成部署みたいなところがあって，ここが2年とか1年でころころ変わると，法律とか絶対守らなあかんとか，スペシャリスト的な部分がとても求められるセクションがあると思うんです．環境だけじゃないかもしれないけど．事業はもともと，バイヤーもそうだけど，経験が大事なので，そんな1年とかでね，野菜の仕入れ担当をころっと変わると取引先に迷惑な話なんですよ．　　（男性E，本部(2)職員）

　本部でスペシャリストとして業務に携わる職員が述べるように，スペシャリストはその専門性を高めて活かすことを期待されることから，彼らの意識も各々の専門の方に向けられるため，職業的アイデンティティが顕現するのだと思われる．つまり，アイデンティティの顕現には周囲の環境からの圧力が働いている可能性がある．周囲の環境からの圧力については他の職員も述べている．その職員の場合，本部(1)でありながら，顕現しているアイデンティティは組織アイデンティティである．

今のポジションとしては［組織の視点から仕事をしている］．だから直接講座を企画したりっていう実践には今はもう携わっていないんですね．それは，各カルチャーのチーフであったり，メンバーの方がされていることなので，それをもう少し効率よくするにはどうするのかっていう風なアドバイスをしたりとか，日常の中で巡回をしながらアドバイスをしていくような立場です．

（女性F，本部(1)職員）

　この職員は，自分の立場がどういうものなのかを認識し，その結果として組織アイデンティティを顕現させている．例えば，宅配事業で所属長をしている職員は，多くの部下を抱えながら，その所属の成績に大きな責任を負う立場であったが，顕現しているアイデンティティは職業的アイデンティティあるいは部門アイデンティティであった．組織内の立場が顕現するアイデン

---

1)　本部部署の"環境推進室"の意.

154 第Ⅱ部　実証研究

ティティを決定するのであれば，この所属長と上記のインタビューで同様のアイデンティティが顕現するはずである．しかし，異なるアイデンティティが顕現していたことから，単純に与えられた役職や環境がアイデンティティを顕現させるわけではなく，自分の立場からどういう役割を認識しているのかが重要になると思われる．上記のスペシャリストの職員も，自分が専門性を高めてコープＡに貢献する，または組合員に貢献する役割を担っていると認識しているために職業的アイデンティティを顕現させていたと解釈することができる．

　では，新しい環境に移ってアイデンティティが新たに顕現するまでの時間についてはどうだろうか．スペシャリスト部門からゼネラリスト部門への異動を経験したインタビューは，異動後1年に満たない時点でのインタビューということもあり，スペシャリスト時代の職業的アイデンティティを強く意識した話をしていた．これは，新しい環境に移り，その環境で求められる新しいアイデンティティがすぐに顕現するわけではなく，過去に顕現させていたアイデンティティを"引きずる"ことを意味しているのかもしれない．この"引きずる"という現象は現場から本部へと異動して1年を経過した職員でも確認された．この職員の場合，職業的アイデンティティと組織アイデンティティのどちらを顕現させるのかという異なるラベルのアイデンティティ間で確認されたわけではなく，組織アイデンティティについて質問をしたとき，現在の本部部門での組織アイデンティティではなく現場の頃に築いた内容について語っていた．その理由として以下のことに触れている．

　　職種がすごく変わってしまったので難しいのもあるし，私の中でまだちょっと
　　落とし込めていないなというのもあるんで，ここに来てからの生協らしさって
　　いうのがなかなか正直モヤッとしてるものなので，この中で言えば，組合員さ
　　んの声をデータで答えていくのがここの大きな特徴ですね．

（女性 M，本部(2)職員）

　この発言から，同じラベルを貼られるアイデンティティだとしても，その内容が移行するには，ある程度自分自身で納得のいく，筋の通ったものが受

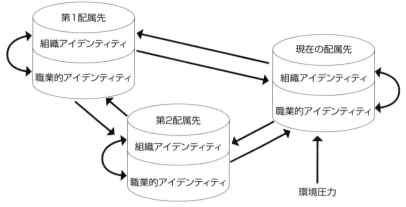

図6-1 アイデンティティ構築プロセスと顕現プロセス

け皿として構築できている必要があるのかもしれない．最小条件集団パラダイム（Tajfel, 1970）では，新しい環境で社会的カテゴリーを割り当てられるだけで内集団バイアスが生じると考えられた（つまり，内集団のアイデンティティが顕現する）．これは，現実とは大きく異なる実験環境という空間での結果であり，今回のケースのように同一組織内での顕現性については，単純な環境の変化や時間の経過，そして環境からの圧力だけではなく，どのくらい当該アイデンティティが構築できているのかという問題も関わってくるのだろう．

　また従来，アイデンティティの各側面はあたかも独立に存在し，1つの自己概念を形作るかのように議論されてきたが（e.g., Lord & Brown, 2004），それぞれの側面の間で影響し合っていることがここでの話から確認される．つまり，スペシャリストの職業的アイデンティティとして構築したものが，その時の組織アイデンティティにも影響しており，さらには後の部門での組織アイデンティティにも影響を及ぼしている．仕事関連のアイデンティティとして仕事経験からひとまとまりにアイデンティティが形成され，それがキャリアを経て積み重なっていく．そのため，経験の要素たる組織アイデンティティや職業的アイデンティティは自己概念を変化させる過程で互いに影響しあうというわけである．

ただし，現場の職員だからと言って必ずしも職業的アイデンティティを顕現させるとは限らない．現場部門で一貫してキャリアを過ごしていない，例えば先ほどの組織アイデンティティの中核を認識している職員の場合，現在の所属は現場部門だが組織アイデンティティが顕現していた．職業的アイデンティティを「コープＡの職務」と捉えると，組織アイデンティティの中核を認識した職員にとって職業的アイデンティティはその中核の"外皮"のような位置づけになるのかもしれない．以上の関係を図示すると図6-1のようになる．

3. アイデンティティコンフリクトとその解消

では，職員は仕事の中でアイデンティティに関するコンフリクトを経験していたのだろうか．インタビューからは，アイデンティティよりも役割に関わるコンフリクトが多く確認された．例えば，異動により職務が変わることによって与えられる役割も変化し，それまで気にすることもなかったことに葛藤を覚えたりするケースや，自分が望む役割と割り当てられた役割に大きな乖離があることでコンフリクトに陥るケースなど，様々であった．そういった役割に関わるコンフリクトの場合，環境を変える努力をするか割り切ることで，根本的なコンフリクトの解決ではないが一時的な対処を行う方法が取られることが多いようだ．なお，役割には，「与えられるもの」と「自ら認識するもの」があり，後者の役割はその従業員のアイデンティティの顕現性にも関係してくる．では件のアイデンティティのコンフリクトはどのように生じているか見てみる．

私は，［商品が］売れたら組合員に喜んでもらってるってことやんって仕事をしていたので，今までは．あまり人に説明する仕事じゃなくて，だから今喋るのも上手くないと思うんですけど．だけど，売れるか売れないかで自分の成果が計れてたけど，今は人を説得したり説明しなくちゃいけないから，そういうちょっと縛られてる感じはありそうやなと．ちゃんと人に説明して説得して，でも答えがすぐに出ない，結局合ってたかもよくわからない，白黒はっきりしない感じは気持ち悪い． (女性 H，本部(2)職員)

この職員は，異動後の部門で新たなアイデンティティをまだ顕現させられておらず，過去の職業的アイデンティティを顕現させているため，新たな部門での職業的アイデンティティと過去の職業的アイデンティティの間で考え方の違いがはっきりと意識され，自分の中で解決されていない状態である．他の職員の声にもあるが，新しいアイデンティティが形成され，それが顕現するまでの間，このようにコンフリクトに陥ることが確認された．

このことは，前節で述べた新しいアイデンティティに移行するプロセスとも関連する．異動後の部門で職業的アイデンティティや組織アイデンティティを形成することがその環境に相応しいものを顕現させる際に必要だと考えられたが，新たにアイデンティティが顕現するまでの期間に経験するコンフリクトは，①新しいアイデンティティが顕現することで解消されるのか，あるいは②そのコンフリクトが解消されることで新しいアイデンティティが顕現するのかは，現状では明らかになっていない．この問題に対するヒントを，入所して日の浅い職員は次のように言う．

「共に働きあい，捧げあう」みたいのがあるんですけど，捧げあってないよね，奪い合ってるし，働きあうというより，自分が自分がってなってるしとか，そんなん違うんじゃないかなってすごい思うんです．(中略)[そういう葛藤を] 克服はできていないです．克服するために，これからいろいろな道進む中で，意見言えていったらいいかなと思います．　　　　　　　　(男性 T，現場職員)

この職員は，入所前にコープ A の理念や買い物で接する職員から抱いた印象が入所後に形成した組織アイデンティティとの間でコンフリクト[2]を起こしたと述べている．彼は，このコンフリクトを根本的に解消して現在に至るわけではなく，先送りにしていると述べているが，日々職業的アイデン

---

2) これは第 5 章でリアリティ・ショックとして挙げたものである．リアリティ・ショックは入社前に抱いていた組織・仕事に対する期待と入社後の現実との間のギャップを目の当たりにして陥るものである．これをアイデンティティの観点から捉え直すと，入社前に企業の情報や評判から従業員は組織イメージを形成し，そこに予期的社会化していくことで入社前に極めて個人レベルの組織アイデンティティを形成し，そこに同一化することが考えられる．その個人レベルの組織アイデンティティと入社後の組織アイデンティティとの間でコンフリクトを起こすことをリアリティ・ショックと呼ぶこともできるだろう．

ティティを顕現させて仕事に取り組んでいる．つまり，コンフリクトは新た
なアイデンティティが顕現するまでの間，意識に上るものであり，新たなア
イデンティティが顕現することによって割り切られ，意識されなくなること
で職務への支障を来さなくなるものと思われる．この考えを管理職として働
く職員も支持しており，新入職員がそのようなコンフリクトに陥った場合，
入所後に培った経験を振り返るよう促し，自分がコープAの中で何をして
いるのかを自覚させ，"壁"を乗り越えさせると言う．葛藤を感じなくなるこ
とをコンフリクトの解消と呼ぶのであれば，上記の職員も含めて職務経験を
通じて解消しているのかもしれない．

　ただし，コンフリクトの原因として，仕事関連のアイデンティティと役割
の2つを別々に捉えるのではなく，1つの経験の中に見るとまた違った議論
ができる．アイデンティティコンフリクトは，何らかのアイデンティティの
顕現により解消される．しかし，「私に期待されているのは業務の効率性を
高めることだ．だから，目の前の仕事に集中しなくてはいけない」というよ
うに，顕現する仕事関連のアイデンティティは，自らの役割認識の影響を受
ける．そのため，まず役割コンフリクトを解消することがアイデンティティ
コンフリクト解消のためには求められ，その期間もまた新たなアイデンティ
ティ顕現に要する時間として考えられる．言い換えれば，上記にあるように
顕現の時間にはその環境で形成するアイデンティティの構築の程度が関わっ
ていると述べたが，それだけではなく，役割コンフリクト解消の時間も関
わってくると言えるだろう．

4．小括

　本章では，まず異動経験による同一化への影響について検討していった．
先行研究レビューで見てきたような単純な経験による同一化への正の影響で
はなく，懐疑，同一化，両価的同一化といったステップを踏むことが分かっ
た．その際，幅広い職務経験が同一化にとって重要なのではなく，自分の中
で形成した組織アイデンティティに基づいて多くの職務をこなすことが組織
的同一化に影響するようだ．そのため，異動経験は組織アイデンティティの
構築に影響を与える手段として見ることが妥当かもしれない．

次いで，アイデンティティの顕現プロセスについては，役割認識が影響していることが分かった．また，新たなアイデンティティが顕現するまでのタイムラグは，アイデンティティ構築の程度，あるいはその内容に当人が納得しているのかという点が関係していたり，役割コンフリクトを解消する時間が関係していたりするようだ．この役割コンフリクトの解消が同時に，アイデンティティコンフリクトの解消にも影響すると考えられた．つまり，新たなアイデンティティが顕現することで，それまで意識に上っていた葛藤状態は解消されると言える．

こうした議論は，従来の同一化研究に対して1つの批判を与えることになる．Ashforth & Mael（1989）以降の同一化研究は，企業に同一化することによって，従業員が企業への貢献行動やコミットを高めると考えてきた．なお，その際の企業とは「自分の認識した組織アイデンティティ」を意味していた．例えば，コープAで見た2つの間主観的なアイデンティティは，必ずしもそこに同一化することで全社最適的行動を引き起こすとは考えられず，所属部門や職場に対する貢献行動に留まる可能性は十分にある．そのため，計画的な人事異動を通じて組織アイデンティティの中核を認識させることで，企業の発展に対する同一化の重要性は増し，先行研究で言われてきたような企業にとって望ましい行動が期待されることだろう．ある意味で，組織的同一化とはこのような貢献行動に対する必要条件に過ぎないという批判ができる．

第7章　定性的分析の結果から見えてくるもの

　本章では，これまでのインタビュー調査から見えてきたもの，それを一般化すると何が言えるのかを論じる．そのために，まず"記述的推論"を行う．これは，インタビュー調査から集められた情報を用いて，その奥に隠れた規則性を見つけ出す作業のことである．そして，その後にその規則性を一般化すると，どのようなことが言えるのかという"仮説"を導き出す．

1. 記述的推論：コープＡにおける人事異動と組織アイデンティティ，組織的同一化の関係

　インタビュー調査に先立って本書では，4つのRQを設定した．RQ1については，まず構築された組織アイデンティティに基づいてキャリアパターンを3つに分類した．そのパターンの中でも組織アイデンティティの中核を認識できていたのは，現場と本部の間を非連続異動し，それぞれの部門で4年以上の期間在籍していた職員であった．一定期間同じ職場で仕事をすると，その職場で組織アイデンティティを構築でき，次の職場に異動した際にそれを基礎とすることができる．本分析では，現場と本部をそれぞれ組織アイデンティティの規範的側面と功利的側面を強く意識する職場だと考えた．この両者の立場から組織アイデンティティを構築し，さらに過去に経験した部門で再度一定期間を過ごすことで，組織アイデンティティの2つの側面に共通する中核部分を認識するようになる．

　仕事関連のアイデンティティは，その場の職務のみを材料に形成するわけではなく，過去の職場でのアイデンティティを後の職務でも参照しながら新たな組織アイデンティティを構築したり，他方で，新たな職務経験を基礎として過去のアイデンティティの再解釈が行われたりしているようだ．そのため，新旧のアイデンティティは相互に影響しあう関係にあると言える．また，過去に構築した組織アイデンティティが新たなものを構築する際の基礎にな

161

162 第Ⅱ部　実証研究

るため，新たに構築した組織アイデンティティは過去に構築した組織アイデ
ンティティを補完する関係にある．この関係は組織アイデンティティだけで
なく，職業的アイデンティティでも見られ，職業的アイデンティティはその
時点，そしてその後の組織アイデンティティ形成にも影響を与えることが確
認されている．こうしたことから次のような推論（inference）を導き出す．

> I1：過去の仕事関連のアイデンティティは後の仕事関連のアイデンティ
> 　　ティ形成に影響を与え，逆に新たなアイデンティティ形成後には過去
> 　　のそれは再解釈される．さらに，規範と功利という組織アイデンティ
> 　　ティの両側面を認識する職員が非連続異動を通じて両者の比較を繰り
> 　　返すことで，共通する中核部分が認識される．

　そして，同じく RQ1（特に RQ1-2）に関連して，組織アイデンティティ
の理想（Ashforth & Mael, 1996）とも呼ばれる経営理念は，組織アイデン
ティティ構築にどのような影響を与えていたのだろうか．コープ A では経
営理念が非常に重視されている関係から，「コープ A のあるべき姿」あるい
は「実現すべき目標であり守らなければならない考え方」として職員から意
識されているようだ．この組織アイデンティティの理想は，組織全体の方向
性に関わる問題である．したがって，コープ A の功利的側面を意識する本
部職員も経営理念とは全く別のところで組織アイデンティティを形成してい
るわけではなかった．コープ A の場合，入所直後に理念研修を行い，その
後の現場経験で組織アイデンティティの規範的側面を形成させているので，
それを基礎とし補完的に形成される本部での組織アイデンティティも経営理
念の影響を受けるものだと言える．
　このように経営理念が組織の理想の姿を示していると職員からも考えられ
ているため，コープ A という組織を想像するとき，理念がその軸を成し，
組織アイデンティティが大きくブレないよう "枠組み" を提供しているよう
に思える．

> I2：経営理念は，理念研修・理念教育を通じて教え込まれ，組織アイデン

ティティ形成時の拠り所となる.

RQ2 については,まず,構築した組織アイデンティティの内容にかかわらず,特定の組織アイデンティティを抱えながら様々な経験を積むことで企業に同一化していく傾向が見られた.つまり,入所当初から一貫して現場の職員も,最初の異動の後本部に配属になってからずっと本部一筋の職員も,それぞれ異なる組織アイデンティティを形成してはいるが,多くの職務経験を積むことで両者ともに企業に同一化していくようだ.

同一化の変遷として,まず脱同一化から始まり,同一化,両価的同一化と進んでいく.インタビューでは,入所前の時点からコープ A に理想を持ち同一化している職員が多く確認されている.そのため,そして入所直後のリアリティ・ショックは非常に大きなインパクトを与える傾向にある.そして入所直後に経験される一時的な脱同一化を経て,上述のように多くの職務経験を積むことで組織的同一化をしていく.その後,組織アイデンティティの中核を認識できている職員は,自分がコープ A の一員として何をすべきかを明確に理解することができるため,組織アイデンティティから見えてくるコープ A の理想像と現状のギャップを意識するようになる.その結果,現状に不満を覚え,両価的に同一化する.このように考えると組織アイデンティティの認識は組織的同一化に影響を与えることが予想される.

I3:入所直後は脱同一化が高い状態からキャリアをスタートさせるが,特定の組織アイデンティティの下で多くの経験を積むと組織的同一化が発達していく.組織アイデンティティの中核を認識するようになると,組織的同一化は両価的同一化に転じる.

RQ3 と RQ4 に関しては,第 6 章でスペシャリストの話を持ち出したが,周囲からの期待,自分の役割,そういったものをどう認識するのかによって顕現するアイデンティティは決まるようだ.スペシャリストの場合,その部門では専門性を高めることで組織に貢献することを求めていたことから,その職員はそれを認識し,職業的アイデンティティを顕現させていた.そのた

め，その人がどういう仕事を任されているか，どういう立場に就いているかといった客観的な状況がアイデンティティの顕現を決定するわけではないようだ．しかしながら，そういった客観的状況が役割認識に影響を与える可能性は十分に考えられるため，間接的な効果は持つかもしれない．

また新たなアイデンティティが顕現するまでの時間については，新しい"受け皿"が出来上がるまでは過去のアイデンティティを顕現させている可能性がある．例えば，ある職場で組織アイデンティティを顕現させてきた職員が，異動したばかりでまだ現在の職場での新たなアイデンティティが構築されていなかったとする．その職員は，新たな組織アイデンティティが構築されるまで過去の組織アイデンティティを"借り物"として用いる．そのため，顕現させるアイデンティティが十分構築されていなかった場合，全く別のアイデンティティで代替させるわけではなく，時間的に遡ったものを用いるようだ．

しかし，大学を卒業したばかりの初めて仕事をする新卒社会人のように，これまで構築したことのない仕事関連のアイデンティティを要求される環境に飛び込んだ場合，当人はまずその場に適応するべく社会化をしていくことになる．その社会化の過程で少しずつ組織アイデンティティや職場アイデンティティが作られていき，"作りかけ"のアイデンティティをその場の要請に応じて顕現させて働くものと思われる．

こうした新たな仕事関連のアイデンティティが形成されるまでの期間，その職員は周囲からの要求に応えられていないアイデンティティを顕現させている可能性があり，その"場違い"のアイデンティティゆえにコンフリクトに陥ると考えられる．そのコンフリクトは，その環境に相応しいアイデンティティが構築され，顕現できる用意が整ったところで意識に上らなくなり，問題を割り切ってその環境での役割認識に基づきアイデンティティを顕現させる．こうしたことから次の推論を導く．

I4：新しい職場に移って，その場で新たに仕事関連のアイデンティティを
　　構築するまで，過去のアイデンティティを継続的に意識しながら仕事
　　に取り組む．どのアイデンティティを顕現させるかは，その環境での

自らの役割を認識することで規定される．この新たなアイデンティティが顕現するまでの期間，職員はコンフリクトに陥る．

2. 研究仮説：企業における人事異動と組織アイデンティティ，組織的同一化の関係
2-1 組織アイデンティティの中核認識

次に，前節で述べた記述的推論の一般性を高めること（コープ A 以外の組織でも通用するように修正すること）を目的に，先行研究を交えて議論を行い，仮説を導出する．推論 1 については，まず前提の一般化を図る必要があるだろう．つまり，コープ A の場合，組織アイデンティティが規範と功利という 2 つの側面から構成されていた．しかし，理論的にはより多角的に組織アイデンティティが構成されるケースも考えられ（例えば，極端な場合，職場の数だけ多面的になる），そういった企業ではどのように異動を通じて中核を認識するのだろうか．

ここでは非連続異動をさらに 2 つに分類して考える．第 1 は，部門 A，部門 B など客観的な区分に則った"部門次元"の異動である．第 2 は，組織アイデンティティの各側面（コープ A なら規範と功利）ごとに 1 つの集合と見なし（コープ A なら本部と現場），集合間を跨いでの異動を"マクロ次元"の異動と呼ぶ（図 7-1）．このように区別すると，コープ A の事例は組織アイデンティティが 2 つの側面を持っていたため，現場と本部の両方を経

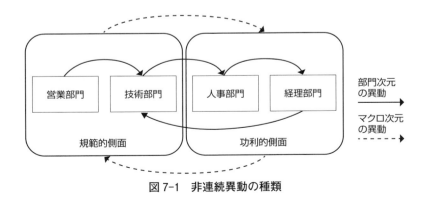

図 7-1 非連続異動の種類

166 第Ⅱ部　実証研究

験することでマクロ次元の異動は行われたことになる.

　組織アイデンティティの括りの中には多くの部門・職場が含まれており,各部門での職務経験が組織アイデンティティの中核を認識するためにどの程度影響するのかはマクロ次元の異動だけ見ていても分からない.　コープ A で中核を認識できていた2人（職員D,　G）の履歴を見ると,　職員D[1]は現場の部門を6つ,　本部の部門を4つ経験していた.　職員Gは現場を6つ,　本部を1つ経験していた.　職員Gは本部の部門を1つしか経験しておらず,4つ経験している職員Dに比べると圧倒的に本部経験が少ないことになる.　仮に部門次元での組織アイデンティティの構築が中核認識にとって重要な意味を持つのであれば,　職員Gは中核を認識できていなかったはずである.　したがって,　中核を認識する際には部門次元の異動経験ではなくマクロ次元の異動経験が必要になると考えられる.　言い換えれば,　組織アイデンティティを多角的に認識できるような異動の仕方が組織アイデンティティの中核を認識するには重要になる.

　コープ A の事例では,　現場と本部で各4年以上の経験を積んだ後,　再度現場で4年以上仕事をすることで中核が認識されていた.　それでは,　ある企業が4つの側面を組織アイデンティティに持つと仮定した場合,　その4つそれぞれに関わる職場で複数回,　かつ一定期間働かなくてはならないのだろうか.　コープ A では組織アイデンティティが2つの側面から構成されていたため,　一方の側面の比較対象はもう一方の側面しかなく,　双方を一度ずつ経験しただけでは中核を見出すのは難しい.　したがって,　両方を経験した後に再度現場で働くことによって,　過去に構築した組織アイデンティティと現在の組織アイデンティティという時間軸での比較が可能になり,　比較対象が増えることになる.　こうした複数対象との比較が組織アイデンティティの中核認識を後押しすると考えると,　仮に組織アイデンティティが非常に多面的に構成されている企業だとしても,　マクロ次元での異動をし,　組織アイデンティティについて多角的な比較を可能にすることで中核を認識する可能性は高まる.　要するに,　組織アイデンティティの中核を認識するために必要なこ

---

1)　職員の詳細については第5章表5-1を参照されたい.

とは，①多角的に組織アイデンティティを認識できるようマクロ次元間を複数回異動すること，②それぞれの職場で十分にアイデンティティを形成するだけの期間（組織社会化の時間）を確保すること，ということになるのだろう．

H1：各職場で組織社会化することで，その職場における組織アイデンティティを構築する．社会化した後，組織アイデンティティが多面化するよう，職場での働き方や考え方が大きく異なる部門へ非連続異動することで，それぞれの組織アイデンティティの間での比較が可能になる．その比較が組織アイデンティティの中核を認識させる．

2-2　職業的アイデンティティと組織アイデンティティの相互関係

　次いで，職業的アイデンティティと組織アイデンティティが相互に影響しあう関係が確認された．コープ A の 1 つの特徴として，現場での組織アイデンティティの形成に職業的アイデンティティが強く影響するという点が挙げられる．Pratt et al.（2006）が言うように，職業的アイデンティティは組織アイデンティティや他のアイデンティティとは定義のされ方が違う．特に，Gouldner（1957）が扱うようなコスモポリタンや科学者といった人たちは組織外に準拠集団を持ち，組織的同一化が低い代わりに職業的同一化は高い傾向にあった．コープ A の結果は，それとは反対に職業的アイデンティティと組織アイデンティティの間に正の相関が見られた．同様の傾向は専門職集団を扱った研究で確認されているが（Lee, 1969; Schneider et al., 1971），そうではない組織を見た Gouldner（1957）や Rotondi（1974）では支持されていない．

　しかし，職業的アイデンティティは上記のようなスペシャリストのための概念ではない．準拠集団は社内にあり，職場では専門家と扱われる職務も，あるいは総合職を職務としている場合も職業的アイデンティティを構築する．コープ A の例はこの職業的アイデンティティの捉え方に該当し，それが結果に影響していると考えられる．Bartels et al.（2007）は入れ子構造のアイデンティティを想定し（第 1 章図 1-3），低次元から高次元のアイデンティ

ティへと順に従業員は同一化していくと述べていた．このとき，最も低次に位置づくのは職務，ここで言う職業的アイデンティティである．Bartels らの主張は，職業的アイデンティティに同一化すると結果的に組織的同一化に影響を与えるというもので，コープ A での分析通りである．なおこの関係は準拠集団を組織外に持つスペシャリストには当てはまらず，このことから入れ子構造のアイデンティティは準拠集団を社内に持つ従業員を説明するものだということになる．すなわち，コープ A で見た職業的アイデンティティは（準拠集団を組織外に持つ従業員を対象にした）従来の研究に基づいて考えるべきではなく，組織アイデンティティや部門アイデンティティと相互に結びつく仕事関連のアイデンティティの 1 つとして捉えるべきなのだろう．このように，コープ A の事例に基づいて一般化を進めると，準拠集団を社内に持つ従業員に限定した議論になってしまう．そのため，本書の仮説が限定的な一般化に留まってしまうことは先に触れておく．

Conroy & O'Leary-Kelly（2014）は過去に対する感情や経験が新たなアイデンティティに影響を与えることを述べており，Ashforth et al.（2008）は新たなアイデンティティを構築するときには過去の経験の要素と新たな環境の要素を組み合わせると述べていることから，仕事関連のアイデンティティが連続的なものだと予想される．ただし，コープ A の事例では現在のアイデンティティを基礎として過去のアイデンティティの再解釈も行われており，現在と過去，入れ子構造の階層間，それぞれが相互に影響する様子がうかがえた．それは，新たな環境に足を踏み入れる度に「新しい過去」が出来上がり，振り返る機会を得るためで，その都度再解釈を行うことになる．

H2：仕事関連のアイデンティティに含まれる職業的アイデンティティや組織アイデンティティ，部門アイデンティティなどは相互に影響し合って形成される．そのとき，過去のアイデンティティを基礎とし，新たなアイデンティティが形成される．新たなアイデンティティが形成された後，そのアイデンティティの観点から過去の職務経験やアイデンティティを振り返り，再解釈を行う．

2-3 経営理念と組織アイデンティティ

コープ A の特殊性として，経営理念が組織内はおろか，組合員にまで広く知られているという点があった．そのため，職員は入所後に理念研修を受ける前から理念を部分的に知っているというケースも珍しくなかった．しかし，このような企業は決して一般的ではなく，経営理念はあるが形骸化してしまっているところや，理念が上手く伝わっていない企業も少なくない．そういった企業では経営理念や企業の意図といったものがどのように従業員のアイデンティティ形成に影響を与えるのだろうか.

極端な例として，経営理念についてほとんど何も知らないロワーを想定し，彼らが形成する仕事関連のアイデンティティには企業側の意図は何らかの影響を与えているのか考えてみる．Corley（2004）によれば，トップ・ミドル・ロワーでそれぞれ異なる組織アイデンティティを形成する．このとき，トップは戦略と組織アイデンティティの関係を意識する（cf. Ashforth & Mael, 1996）．ミドルとロワーはトップのようなアイデンティティの形成の仕方はしないが，少なくとも組織アイデンティティに関してトップの認識と大きく異なるとは考えにくい．それは，ロワーの職務はミドルにマネジメントされており，そもそもその職務は戦略達成のためにあることから，企業全体で組織アイデンティティに大きなズレはないものと思われるからである.

したがって，ロワーの形成する組織アイデンティティは，コープ A の職員のようにアイデンティティ形成時に理念を拠り所にすることはないかもしれないが，理念によって間接的に大きな方向性は定められているだろう．職位が上がっていき，事業戦略や経営戦略といった企業の意図を職務の中で強く意識するようになると，より明確にその意図は組織アイデンティティに関わってくると思われるが，それは意識の強さの問題であって，総合職として社内で働く限りは，経営理念や戦略の影響を受けて仕事関連のアイデンティティを形成する.

ただし，ここでの議論は直接的に経営理念や経営戦略の影響が及ぶ範囲での職務に従事している従業員に限定したものである．つまり，派遣先や子会社で働く従業員に関しては必ずしもこの議論は当てはまるものではなく，むしろ例外として考えるべきものだろう.

170 第Ⅱ部 実証研究

H3：企業で働く従業員が形成する仕事関連のアイデンティティは，経営
理念や戦略といった企業の意図の影響を受けた内容になる．従業員
の職位が上がることによって，アイデンティティ形成時に企業の意
図を強く意識するようになる（つまり，拠り所とする）．

2-4　連続異動・非連続異動と組織的同一化

　推論 3 について，顕現性を抜きにして純粋に組織的同一化の変化に注目し
た場合，異動の内容に限らず，特定の組織アイデンティティの下で多くの経
験を積むと同一化していくというコープ A の結果は，先行研究と食い違う
ものではない．先行研究では，日々の職務でのコミュニケーションが信念・
価値観・期待といったものの共有に役立ち（Tompkins & Cheney, 1985），
徐々に企業あるいは社内集団に同一化するという多岐に渡った議論があった
（Ashforth & Mael, 1989; Hall et al., 1970; Hogg & Sunderland, 1991）．

　同一化には，連続異動に比べて非連続異動の方が多くの考えを持った人と
仕事をする機会に恵まれるため望ましいだろうが，連続異動でも十分期待す
ることができる．実際，先行研究での規定因と組織的同一化の関係は，パネ
ルデータを用いたり，経験する環境の変化を考慮したデータから検証された
りしたわけではなく，多くが一時点での観測データを用いている．したがっ
て，連続異動でも，異動せず単一の職場で働き続ける人と比べると多くのコ
ミュニケーションをとる機会を得られることから，組織的同一化の発達に繋
がりやすいと思われる．また，非連続異動の場合，上述のマクロ次元の異動
も含まれ，異なる組織アイデンティティの側面を要求する職場で新たに仕事
を始めることもある．その場合，そこでの仕事経験が直線的に同一化を高め
るとは考えにくい．このことから，組織アイデンティティの認識が変化しな
い状況下においては，非連続異動は連続異動よりも幅広くコミュニケーショ
ンの機会に恵まれるため，同一化は発達しやすいと考えられる．

H4：連続・非連続にかかわらず様々な職場に異動をし，職務の中で社会
的比較や相互作用を多く行うことで，その環境で自分が受け入れら
れている感覚に陥り，従業員は企業に同一化していく．ただし，準

拠集団を組織外に持つ専門職の従業員は職業的アイデンティティが入れ子構造から外れるため，その限りではない．

2-5　両価的同一化

コープ A の分析では，組織アイデンティティの中核を認識することによって，職員は組織と両価的に同一化することが確認された．両価的同一化が何によって引き起こされるのかについては十分に解明されていない状況ではあるが，僅かな研究は規定因について触れている．その1つ，Ashforth (2001) は具体的に，①役割アイデンティティ内のコンフリクト，②多重アイデンティティ間のコンフリクト，③自己の喪失に対する恐怖，④二元論的価値の保護，⑤社会的不名誉，などが原因で両価的同一化を引き起こすと述べている．とりわけ，「②多重アイデンティティ間のコンフリクト」がコープ A の事例でも確認された．コープ A では，単一組織内に功利と規範という組織アイデンティティの異なる側面が共存し，その両側面を従業員は現場と本部の両方に配属されることによって経験し，両者の違いについても意識することになった．つまり，両価的同一化が引き起こされる環境がコープ A にはあると言える．

両価性は，しばしば解消すべき状態として扱われる．そんなとき，人は"スプリッティング（splitting）"という方法を通じて両価性を低減させる (Ashforth et al., 2014; Pratt & Doucet, 2000)．例えば反抗期の子供が「両親のことが好きだけど，嫌い」という気持ちは典型的な両価性である．その際，子供は「父親は嫌いだけれど，母親は好き」と正と負の感情をぶつける相手をそれぞれ分けてしまうことで両価性を解消する．あるいは「今は嫌いで仕方がないけれど，そのうち好きになる」といったように，現在と未来に時間を切り分けて対象のことを考えることで両価性は意識されなくなる．時間軸で捉え方を変える方法は，実際にコープ A でも確認されている．組織アイデンティティの中核を認識できている人は，現状のコープ A に不満を持ち，将来に期待して両価的に同一化していた．恐らく，最初に組織に強く同一化し，後に脱同一化することによって（あるいは現状の不十分さを認識することによって），所属組織の良いところを探そうとする気持ち（自己高

172 第Ⅱ部 実証研究

揚動機）が働くからだろう．特に，コープ A では組織アイデンティティの
理想として経営理念の影響が色濃く見られることから，より理想の姿を期待
しやすいのだと思われる．結果として，現状には不満を抱き，将来には期待
するという両価的な状態が生じると予想される．

　先ほど「両価性を解消する手段」としてスプリッティングを取り上げてい
ながら，ここではそのスプリッティングが確認されたことで両価的な状態に
なったと一見矛盾したことを言った．混乱を避けるために説明をすると，先
の両価性とは「好きだけど嫌い」といった情緒的な状態を指す．そのため，
一時的な葛藤状態と捉えており，その葛藤を解消するためにスプリッティン
グは行われる．しかし，両価的同一化は情緒とは違い，一定期間継続する態
度であるため，「今の企業に不満を感じているが，将来に期待する」のよう
に時間的に切り離されていても当人の中に混在しうる．この主張は，
Kreiner & Ashforth（2004）の図 1-1（第 1 章）に示すように，両価的同一
化を構成する脱同一化と同一化は独立して生じうるという考えからも支持さ
れる．このことから，本来的な使用方法とは異なるが，両価的同一化の説明
のためにスプリッティングを借用してきた．

　以上のことから次のような仮説を導き出す．

　　H5：非連続異動によって組織アイデンティティを多面的に形成した従業
　　　　員は，組織アイデンティティの中核を認識するようになる．組織ア
　　　　イデンティティの中核を認識できるようになると，現状の企業にお
　　　　ける中核に相応しくない状況に対し批判的になる．その結果，組織
　　　　アイデンティティの中核へ同一化し，現状の企業に脱同一化するこ
　　　　とから，従業員は両価的同一化をする．

2-6　アイデンティティの顕現性

　推論 4 では，顕現性の時間的問題や，顕現性と役割認識の関係，そしてア
イデンティティコンフリクトについて扱った．異動した直後は新しい職務の
経験が十分に積めていないため，新しいアイデンティティを形成することが
できない．しかし，連続異動のように近接領域への配置転換の場合，新しい

環境でも過去の職務と大きく異ならない職務をするため，新しいアイデンティティは比較的早く形成される．一方，非連続異動の場合，連続異動に比べ，新しいアイデンティティを形成する時間が長くかかる．

この形成時間はまた，同じ職場あるいは一緒に仕事をする人の数にも影響を受けるかもしれない．この人数とは自己証明をする相手の多さを意味する．特に，階層の多い企業でその従業員の職位が低いほど，自己証明を失敗する機会が増え（Swann, Johnson, & Bosson, 2009），様々に自己概念を変化させなくてはならない．それは，自分よりもパワーを持つ人が多くいるためである．この自己証明の過程で，過去の経験を踏まえアイデンティティは新たに構築される．

従業員が自己証明しようとするのは「過去の自分」であり，徐々にその姿は変えていくが，一定期間過去のアイデンティティは維持・継続することになる．この過去の自分を自己証明しようとするため，新たな環境で形成することになるアイデンティティとの間でコンフリクトが生じるとも考えられる．上述のように，連続異動をした場合，新たなアイデンティティを形成するために要する時間が短い分，このコンフリクトに陥っている時間も短くなるが，非連続異動の場合，どちらも長引くことになる．

では，新たな環境でどのアイデンティティを顕現させるかについてだが，前述の推論では従業員が自分の役割認識に従って顕現させると述べた．先行研究レビューでは，アイデンティティの顕現は，自分の置かれた状況を認識し，いくつもある集団カテゴリーを「その状況に相応しいか」という観点から評価することで行われると述べた．この評価には集団からの圧力と個人の欲求も関わってくる．特に，企業では，パワー関係が存在するため，パワーを持たないロワーが環境からの圧力に抗うことは難しく，欲求よりも圧力の影響を強く受けて評価を決めることになる．表現を変えると，この職場における自分の役割を考えたとき，周囲からの期待や圧力といったものを感じ取り，顕現させるアイデンティティを決めていると考えられる．

一方，キャリアを積み社内でパワーを持つようになると，管理的要素が業務に含まれていき，組織アイデンティティの顕現が求められるようになる．そういった立場になる頃には，今までの人事異動を通じて培った組織社会化

174　第Ⅱ部　実証研究

の経験や様々な部門での組織的同一化の経験から，個人的欲求に組織アイデンティティが影響すると思われる．なぜなら，組織的同一化は自己概念に組織アイデンティティを取り込むことを意味するため，程度の差はあれ，従業員は企業の方を向いた態度をとるようになると考えられるからである．このため，同一化の程度がアイデンティティの顕現に影響を与えるという関係（Ethier & Deaux, 1994）は，個人的欲求から説明できる．しかし同時に，同一化の発達を前提としない限り，個人的欲求の議論は成り立たないとも言える．したがって，総じて個人的欲求よりも環境からの圧力が顕現性を強く規定するだろう．

　本書では，組織アイデンティティを顕現させ，企業のプロトタイプ性を行動に反映させて職務に取り組むことが企業の発展に貢献するには望ましいと考えるが，組織アイデンティティが具体性を帯びていない入社当初の頃には，組織アイデンティティを顕現させるよりも，職業的アイデンティティや低次のアイデンティティを顕現させて働いた方が良い業績を残せるかもしれない．そういった場合，環境からの影響を強く受けるロワーには，自分の役割が低次のアイデンティティに結び付いたものだと認識させることが肝要になる．以上のことから次の仮説を導き出す．

　　H6：異動直後には新しい環境で顕現させるアイデンティティがまだ形成されていないことから，新たに形成されるまでの期間，従業員は過去の仕事関連のアイデンティティを顕現させて仕事をする．その過去のアイデンティティを顕現させているとき，周囲から求められる働き方や考え方と顕現させているアイデンティティの違いからコンフリクトに陥る．コンフリクトに陥っている時間は，連続異動よりも非連続異動をした直後の方が長くなる．

　　H7：新しい環境で形成した仕事関連のアイデンティティのうち，どれを顕現させるかは従業員の認識する自分の役割に依存する．

　以上7つの仮説を図にまとめると図7-2, 7-3のようになる．

第 7 章　定性的分析の結果から見えてくるもの　175

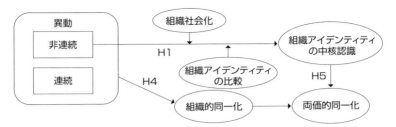

注：本図と図 7-3 中に示した H1 〜 H7 は各仮説を表す。

図 7-2　異動と組織アイデンティティの関係

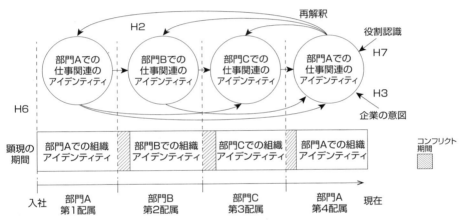

注：顕現するアイデンティティは仕事関連のアイデンティティ，組織アイデンティティに限定して記載

図 7-3　認知的プロセス

終章　一体感のマネジメント
―戦略的人事異動への提言

1. 本書の結論

　本書の目的は，企業内キャリアを通じて従業員がどのように組織アイデンティティを認識し，そこへ同一化していくのかを明らかにすることだった．この問題意識の下で，最初に3つの課題を設定していた．ここで，その1つ1つに対する本書からの答えを提示したい．

1-1　組織的同一化に対する連続異動の効果

　第1に，異動経験による組織的同一化への影響である．そもそもこの課題には，March & Simon（1958）に端を発する古典的研究において組織的同一化の管理に注目が集まっていたが，Ashforth & Mael（1989）以降その関心が薄れてしまったという背景があった．近年の研究で同一化のメカニズムが解明されていくにつれて議論が複雑化しすぎていき，理論と現実との距離が徐々に開いていった．ある意味でこの課題は原点回帰的とも言える．

　本書では，異動を現職場と異動先との関係性によって連続と非連続に分類し，異動の仕方によってその経験効果が変化することを論じた．加えて，異動先での経験を学習として見ると，どのくらいの頻度で異動しているのかという異動間隔も問題になる．異動間隔は，初期キャリアにおける学習，先々の職務経験の基礎を成す学習では腰を据えた活動が必要であるように，キャリアのどの段階なのか，そしてスペシャリストなのかそうでないのかで企業がとるべき異動の間隔が異なることも先行研究で議論された．本書では，「非連続異動」と「職場で学習する期間」という2つの要因が組織的同一化には必要だと考えたが，これは定量的分析と定性的分析では支持されなかった．

　調査結果が示したのは，従業員個人が認識する組織アイデンティティを修正しない範囲で深く経験を積むことが組織的同一化にとって重要であるとい

うものだった．したがって，非連続異動よりも連続異動の方が同一化に対して効果的である．これまで経験したこともない職場に異動し，新しい企業の一面を見ることで多少の混乱や戸惑いもあるだろう．その経験は心理的距離感をつめる動きに（一時的に）ブレーキをかける．それとは逆に，よく知った"我が社"の下で多くの経験を積み，「この会社あっての私だ」と強く思えることで，同一化は発達するという分析結果は納得のいくものだろう．以下でも触れるが，非連続異動にはコストがかかる．組織的同一化によって企業にとって様々な望ましい態度を引き出すために連続異動の方が都合が良いという結果は，費用対効果の面からもとても優れていると言える．

1-2 人事異動が組織アイデンティティの形成・顕現に与える影響

第2の課題は，組織アイデンティティを顕現させる方法である．顕現性は一言では説明できないほど複雑であるため，さらにアイデンティティコンフリクトと顕現性の時間的問題の2つに課題を細分化した．人は自己概念の中に複数のアイデンティティを抱えており，行動に反映させるためにそれを選択することを顕現性と呼んだ．同時に複数のアイデンティティは顕現させられないため，周囲から異なる行動を期待されると葛藤を抱えうる．また，組織アイデンティティの顕現を期待されているのは分かるが，周囲の期待と自分の思う企業らしさに違いがある場合もやはりコンフリクトを感じることになる．これは，その場に適した組織アイデンティティをまだ持ち合わせていないからであり，適切な行動を取るためには多少の時間を要する．こうした2つの問いも併せて議論した．

まず，組織アイデンティティの顕現を左右するのは当人の役割認識であった．それはすなわち，周囲からの期待・圧力，本人の欲求など様々なものが折り重なり，その場における自分の役割を認識し，それに紐づいたアイデンティティを行動で示すというものであった．ただし，異動直後には周囲からの期待に十分応えられるだけの働きができるとは限らない．それは，能力の問題もあるが，その環境に適したアイデンティティをまだ構築できていないからである．そんなときは，例えば，過去の職場で構築した組織アイデンティティを再利用するが，その間，周囲の期待に応えられていない違和感を

終章　一体感のマネジメント　**179**

持ちながら仕事をすることになるため，コンフリクトは抱き続ける．しかし，その場に相応しいアイデンティティを顕現させられるようになった頃，コンフリクトは解消される．それに要する時間は非連続異動の方が連続異動よりも長くかかってしまうだろう．連続異動は，近接領域への異動であるため，新しく学習することも相対的に少なく，それだけ短い期間でその場に適したアイデンティティを構築できるからである．このことは，異動の性格というよりも，異動先の職場でどれだけ新たな学習が求められるかによって，適切なアイデンティティが顕現するまでの時間およびコンフリクトが継続する時間が決まると言える．

1-3　組織アイデンティティの中核認識に対する非連続異動の効果

　第3は，仕事関連のアイデンティティをどのように構築するのかという課題であった．一言で言ってしまえば，「職務経験から構築する」というものだが，職務というのは過去から現在，そして未来へ連綿と続くため，どこで切り取って職務経験と呼べばいいのかがこの答え方では分からない．この点について考える際に，さらに細分化した2つの問いにも答えていく必要がある．それは，アイデンティティ形成時の相互作用と，企業の意図が仕事関連のアイデンティティ形成に与える影響についてである．

　まず前者についてである．組織アイデンティティであろうと部門アイデンティティであろうと，目の前の職務経験から構築することになる．例えば，職業的アイデンティティを最初に構築すると，それに影響を受けながら組織アイデンティティもその同じ状況下で構築される．影響関係はその逆も考えられる．社内に存在するアイデンティティは相互に絡み合っており，そのために単独でどれか1つのアイデンティティだけ形成することもできず，他への影響を防ぐこともできない．さらに，このようにアイデンティティ形成に影響を与えるのは同時点での認識だけではなく，過去の経験からもである．つまり，「以前の職場では企業をこのように考えていた」という認識は異動後も残っているため，それが新たな職場でのアイデンティティ形成に影響を与える．ただし，過去を否定して現在を受け入れるといった捉え方ではなく，過去と現在を連続的なものとして捉え，過去を否定せずに補完する形で現在

のアイデンティティを構築する．そうして現状に相応しい職務態度が形成されると，それに基づいて過去の経験の"振り返り"を行う．言葉を変えると過去の仕事関連のアイデンティティを再解釈するのである．

　また，後者の問いについては，職場環境は経営戦略や理念に基づいてデザインされるため，知らず知らずのうちに仕事関連のアイデンティティは企業の意図に影響される．ロワーの頃は正に無意識の影響だろうが，ミドルへと職位が上がる頃には企業のことを意識する機会も増え，企業の意図を1つの拠り所としてアイデンティティを形成するようになる．このように企業には"中心軸"があるため，大きくぶれたりはせず，同様に組織アイデンティティにも一貫して変化しない中核的な部分が存在する．この中核は，営業部門なり技術部門なり単一の部門一筋の従業員には認識することができない．それは，各部門にはその部門独特の「企業の捉え方」があり，他の部門を経験しないとその特徴は自覚できないことによる．したがって中核は，幅の狭いキャリアを歩んでいる従業員には捉え難いものなのである．そもそも中核とは，部門にかかわらず共通した考え方のことであり，それを理解すると企業を客観的に捉えることもできるようになる．組織的同一化とは「我が社のために」という意識を持ち，行動させる態度であるが，企業への帰属意識が強すぎると現状の企業に対して批判ができなくなる．批判したくてもできないというわけではなく，批判すべき点に気づかないのである．企業の成長には改善や批判が不可欠であるが，組織アイデンティティの中核を認識している従業員はそうした態度をとれるようになる．このような中核認識は，組織アイデンティティの色々な側面を様々な職務経験から学び，比較し，その共通点を見極めるということでしか手に入れられない．すなわち，非連続異動が最も適した手段ということになる．

　3つの課題に対する答えとして，本書は以上を導き出した．

1-4　一体感醸成のマネジメント

　では，従業員が企業へ一体感を抱かせるにはどのようなマネジメントが必要なのだろうか．一体感は，組織的同一化と違い，周囲との認識の共有を前提とする．そのため，強く一体感を醸成するのは組織アイデンティティの中

核を認識できている従業員であろうと本書では考えた．直前の 1-3 でも触れたように，中核を認識するには非連続異動の経験が重要になってくる．中核を認識するまで，従業員は非連続異動の度に多くの"衝突"を上司や同僚と繰り返すことだろう．その衝突は自己証明行動が引き起こすものであるが，周囲と認識をすり合わせるこうした経験が組織アイデンティティの修正を助け，最終的に中核に辿り着かせる．このように考えると，企業に一体感を抱かせることは非常に長い道のりであり，従業員のどれだけが達成できるのか疑わしい．

　しかし，現実に企業に一体感を覚えながら仕事をする人は少なくないはずである．彼らは実際に一体感を醸成しているわけだが，一方でその気持ちが裏切られる可能性は十分にある．要するに，幅広く社内キャリアを経験していない従業員が日ごろ感じる一体感というのは，本書で言うところの「間主観的な組織アイデンティティ」を認識し同一化することで現在の部門・職場の同僚と気持ちを1つに働けていることに由来する．したがって，普段関わらないような部門の人と仕事を共にする機会があったり，部門横断的なプロジェクトに参加する機会があったりすると，従業員は自分たちが感じていた一体感が企業ではなく職場に対するものだったと気づく．つまり，「我が社のため」と思って働いていたことが，結果として部分最適的行動になってしまっているかもしれないし，場合によっては部門間コンフリクトを引き起こしかねないのだ．

　以上のことから，多くの従業員と考えを共有し，一体感を醸成できる人材を作り上げるためには，幅広い社内キャリアを積ませ，多くの人との職務経験，そしてネットワークの構築を促すこと，つまりは将来への投資が欠かせない．そして将来だけでなく，現在の働きぶりに対する期待も周囲が伝えることによって，その従業員は自分に与えられている役割を認識し，周囲との繋がりを感じるきっかけとすることだろう．一体感をマネジメントするには，企業は長期的な視点で従業員と関わっていく姿勢が不可欠ということになる．

2．理論的含意
　次に，本書が理論的にどのような貢献をするのかを記す．第1に，人事異

動に新たな価値を見出したと言える。第2章で俯瞰したように、これまでの人事異動研究では、能力・技能形成あるいは昇進・昇格との関係性が主たる関心であり（e.g., 小池・猪木, 2002; 山本, 1999），心理変数との関係を見た研究はわずかであった。しかし，「経験を積めば人は成長する」というのは直感的に明らかであり，その変化が能力面だけに生じると考えるのは無理があった。特に，能力の発揮が知識によって引き起こされるのではなく，態度変化によるものと考えると心理変数との関係性を見る意義はある。Hall（1984）が人材開発の対象に従業員のアイデンティティを取り上げてはいるが，それ以降に目立った研究蓄積は確認されない。そのため，施策が従業員のアイデンティティをどのように変化させられるのかという具体的な議論に踏み込むことは先行研究に基づいては行えなかった。本書では，異動を連続・非連続に分類し（場合によってはさらに非連続異動をマクロ次元と部門次元に分類し），それらの経験により，従業員が組織アイデンティティや他のアイデンティティをどう認識し，どのように自己概念に取り込んでいくかを解明することができた。したがって，本研究の取組みは，人事異動研究あるいは人材開発研究に対して新たな視点を提供したと考える。

　第2に，従来の組織的同一化研究では，大きな環境の変化や中長期的な時間の変化を扱った議論はあまり多くなく（e.g., George & Chattopadhyay, 2005; Hall & Schneider, 1972; Pratt, 2000），かつ両者を同時に見る研究は極めて少なかった。なぜ両者を備えた研究がこれまで少なかったかを考えると，組織的同一化は欧米を中心に研究が重ねられてきたという背景があり，欧米企業は（特にアメリカの企業において）あまり従業員の育成に力を入れてこず，市場志向的であり，それゆえ従業員の転職傾向が強い（Jacoby, 2005）ことが挙げられる。このような企業を対象にする研究では，（従業員にとっての）大きな環境の変化を考えたとき，派遣（George & Chattopadhyay, 2005）や企業合併（Bartels et al., 2006; van Knippenberg et al., 2002; van Leeuwen et al., 2003）などの限られた場面が注目を集めることが多く，マネジメントの視点でこの問題を議論する研究はこれまで少なかった。同様に，転職傾向が強いことから，中長期的な時間をかけて積み重ねられる経験が従業員の同一化にどのように影響するのかという議論も難しかった。そのため，

終章　一体感のマネジメント　**183**

本書のアプローチは従来の研究と比べて新しいものだと言える.

とりわけ，時間の経過による同一化への影響を見た研究は少ないのが現状だが，本研究が第3章で用いた客観的データ（人事データ）と主観的データ（質問紙）を合わせて分析する試みは過去に例がない（少なくとも筆者は確認できていない）．この分析により，客観的データを心理変数の分析に用いるには操作化をする上で乗り越えるべき問題が数多くあることが示された．本章の最後に，残された課題として示すが，少なくともこうした問題を明らかにできたことは，実際に分析に用いることができたためであり，この試みの持つ意味は大きいと思われる.

第3に，従来の研究では，たとえ従業員が企業に同一化したとしても企業の発展に貢献するような望ましい行動が確認されない恐れがあった．言い換えれば，先行研究では議論すべき問題を残していたために，同一化の効果として期待する行動が引き出せない可能性が考えられた．その問題は3点あり，組織アイデンティティの認識の問題，多重アイデンティティの問題，顕現性の問題である．この問題それぞれに対して本書は答えることができていると考えるため，従来の組織的同一化研究の成果を現実に反映させることに対しても貢献していると思われる．具体的には，まず組織アイデンティティの認識の問題である．従来，組織的同一化の対象としての組織アイデンティティを，主観的部分から捉えるのか間主観的・中核的部分から捉えるのかを曖昧にしたまま用いてきたきらいがあった．従業員が企業のプロトタイプ的な行動をするには，他の従業員と企業に対する考えが共通しているという認識を持てていることが必要になる（cf. 神他, 1996）．そのため本書では，それを組織アイデンティティの中核を認識する過程に含み議論してきた．つまり，仕事関連のアイデンティティの軸となる部分を理解することで，どの従業員の考え方もそれなりに納得でき，そのために彼らと考えの共有ができていると認識されるわけである．このことから，中核を認識できている従業員からは，企業の発展に貢献する行動が期待できる.

次いで，どれだけ企業に同一化していても組織アイデンティティを顕現させていなければ，企業のプロトタイプ的な行動は見られない．企業には複数のアイデンティティが存在しており，どのアイデンティティを仕事で顕現さ

せているかによって表出する行動が異なるからである．これまで，多重アイデンティティとして職業的アイデンティティや組織アイデンティティなど複数のアイデンティティを先行研究は取り上げ（e.g., March & Simon, 1958; Ashforth & Johnson, 2001），それらへの同一化がどのような関係にあるのかを比較検討する研究はあったが（e.g., Foreman & Whetten, 2002; Lee, 1969, 1971; Millward et al., 2007; Rotondi, 1975），アイデンティティの形成プロセスや相互関係などについて詳しい議論をしてきた研究はあまりなかった．特に，本研究のように環境の変化を議論の中心に置くと，ある一時点での仕事関連のアイデンティティの形成プロセスよりも，環境が変わることによって過去のアイデンティティと新しいアイデンティティの関係性はどうなるのか（連続的なアイデンティティの形成）という議論の方が重要になる．結果として，本研究では過去の仕事関連のアイデンティティと補完的に新たな仕事関連のアイデンティティを形成することを示し，企業で働く従業員が多重アイデンティティをどう捉えているのかをある程度表すことができた．

　このような多重アイデンティティに対する従業員の認識が明らかになると，複数の対象の中からどのように1つのアイデンティティを顕現させているのかを知ることで，同一化と行動の間の溝を埋めることができるようになる．特にマネジメントを考える上では，その顕現性に対して企業が如何に働きかけられるかを明らかにしなければならない．本書では，役割認識が顕現性を規定すると考えた．これは，先行研究で言われてきた社会的カテゴリーに対する周囲からの評価（Aries et al., 1998）や状況的関連性（Ashforth et al., 2008）といった要因と類似しており，中でも状況的関連性に含まれるものだと言える．しかし，状況的関連性は企業が捉えにくいものであるため，より扱いやすい役割という概念に着目し，顕現性を説明することは意義があると思われる．

　こうして，環境が変わるときにどのようにアイデンティティを顕現させているかを説明することができ，さらに環境変化と顕現性の時間的ギャップという視点を新たに取り上げることができた．つまり，新しい環境に移って，そこで新たにアイデンティティを形成するまでの期間，顕現させる予定の（役割に関連した）アイデンティティを過去の環境で形成していた場合，そ

れを一時的に顕現させて行動する．これは，実験を用いた研究や環境変化を考慮しない研究では指摘することのできなかった点である．

第4に，同一化にはいくつかパターンがあった．その1つ，両価的同一化は比較的新しく，まだ十分にメカニズムが解明されていない概念である．本書では，組織アイデンティティの中核が認識されることで従業員は両価的に企業と同一化すると考えた．Pratt（2000）はこの両価的同一化を組織的同一化の失敗と位置づけてモデルに組み込んでいたが，本書では組織的同一化の発展として見る立場をとる．これは，組織的同一化が抱える問題点を払拭する可能性を両価的同一化が持っており，企業の発展にとって組織的同一化よりも望ましい行動を引き出すことが期待できるためである．両価的同一化は，内部告発や創造性を引き出すとも考えられており（e.g., Dukerich et al., 1998），そういった結果変数の研究に対しても両価的同一化を高める要因の提示は間接的な貢献となるだろう．

第5に，これまで「現場と本部を往復する異動」や「組織アイデンティティを多角的に捉える異動」といった表現で組織アイデンティティの中核を認識するために求められる異動の仕方を論じてきた．先行研究でこのような異動の仕方は交差訓練（cross training：Marks et al., 2002）と呼ばれる．ただし厳密には，交差訓練は異動を指すものではなく，従業員が同僚の職務を代わりに行わせる教育的戦略のことを言う（Volpe et al., 1996）．この施策は，異なる専門の同僚との共通の言語形成や社会的な繋がりの獲得（Cabrera & Cabrera, 2005），そして知識共有（Cooke et al., 2003）に役立つとも考えられている．しかし，これまで交差訓練は人材育成の範囲で語られる取組みに留まっており，組織アイデンティティの分野ではほとんど確認されていない．この教育的戦略がアイデンティティ形成にも重要な役割を果たすという点は，組織的同一化とマネジメントの繋がりをさらに強めることになるだろう．

最後に，多重アイデンティティを自己概念が取り込むことによって生じると考えられるアイデンティティコンフリクトについて，本書では，その環境に“適した”アイデンティティが顕現するまでの間，人は葛藤を感じると考えた．このコンフリクトの議論は，企業に多重アイデンティティが存在する

と主張をする研究，それらに同一化するという研究のどちらにも見られなかった．Ashforth（2001）が役割アイデンティティに関わるコンフリクトの議論をしているが，組織アイデンティティや他のアイデンティティとのコンフリクトについての研究は見られない．そのため，本書はアイデンティティコンフリクトの研究に対して1つの知見を提供できたと考える．

3. 実践的含意

　本書は，現実に対してはどのような意味ある結果を示すことができたのだろうか．まず，本書の冒頭で述べた「なぜ新入社員は企業人に変容するのだろうか」という問いに対する答えである．これは，企業が能力開発・人材開発という目的の下に行ってきた人事異動が意図せずして組織アイデンティティの形成とそこに対する同一化を支えてきたからである．つまり，ゼネラリストを好む日本企業は，自然と幅広い異動を経験させようと計画する．その非連続異動が結果として，組織アイデンティティの偏った認識を許さず，中核を意識させるよう仕向けてきたのだと思われる．したがって，これまで偶然の産物であった「企業人の育成」を計画的なものにすることを本書は手助けする．

　企業の発展に貢献しうる，あるいはその企業の典型的な価値観・考え方をもって仕事で振る舞える人材に育て上げるにはどのようなマネジメントが有効か，という点が，具体的な手助けとして挙げられる．本書の考える望ましい人材像は，組織アイデンティティの中核を認識し，そこに強く同一化している人材である．このような人材を育てるためには，部門を跨ぐ非連続異動の中でも，特に考え方の大きく異なる部門に異動させることが重要になる．そうすることで組織アイデンティティを多面的に形成し，比較することを可能にする．その際，各従業員に対して職場でしっかり育成することが求められる．その育成を通じて従業員は職場，企業に社会化していき，仕事関連のアイデンティティを構築することができる．産労総合研究所（2011）が，将来のマネジメント人材となるロワーに対してはバリューチェーン全体についてある程度の知識と感覚を学ばせるような異動を計画する必要性を述べている．本書はこの主張をアイデンティティの観点から裏づけるものである．

終章　一体感のマネジメント　**187**

　しかし，人事異動は，それを経験する当人には新たな学習となるが，手放す職場には経験者の喪失，受け入れる職場には新人の育成・サポートを要求する（e.g., Campion et al., 1994; 産労総合研究所, 2011）．さらに，非連続異動をさせることによって学習期間が連続異動に比べて長く発生すれば，それだけアイデンティティコンフリクトに陥る期間が長くなる．企業の業績向上を鈍化させないためには，全ての従業員を非連続異動させることが望ましいとは言えない．むしろ，連続異動をさせてその領域のスペシャリストを養成することも，受け入れ側の教育・サポートの強化に繋がると思われる．

　では，誰を非連続異動させるべきかと言うと，上述のようにマネジメント人材である（産労総合研究所, 2011）．この考えは，Gossett（2002）と合致する．つまり，全ての従業員を企業に同一化させるというのは，教育コストがかかる上に，グループシンクに陥るリスク（Pratt, 2000）や組織的不正行為を働くリスク（Vardi & Wiener, 1996）を高め，さらには企業の発展に十分貢献しないと思われる従業員の退出可能性を低めてしまうため（Mael & Ashforth, 1995），限られた従業員（マネジメント人材）を戦略的に異動させ（非連続異動），組織アイデンティティの中核に同一化させることが肝要であろう．

　また本書では，経営理念や戦略といった企業の意図がアイデンティティに影響することを示した．これはすなわち，経営理念や組織の考えを従業員がアイデンティティ形成時の拠り所として，認識の分散を制限する役目をする．そして，コープ A が好例であるように，経営理念を外部ステークホルダーにまで認知させることによって，求職者に対してもシグナリング効果が期待できる（cf. Turban & Cable, 2003）．つまり，経営理念に共感できない求職者をふるいにかけることができるのだ．Turban & Cable によれば，企業の評判も求職者に対してシグナルを発する．企業の意図（経営理念や戦略）の影響を反映した評判は採用にも影響力を持つと思われる．企業の評判は，従業員の組織的同一化に影響を受けて高まるため（Friedman, 2009），人事異動や人材育成施策が間接的にも組織全体の業績向上に寄与することになるのである．

　次に，仕事関連のアイデンティティが顕現する際，役割認識がそれを規定

すると考えた．第7章の仮説7の箇所で，特に役割認識への直接的な影響があるのはロワーの頃だと述べた．本書では組織アイデンティティを顕現させることが企業の発展にとって望ましいと考えてきたが，ロワーはその限りではない．入社したてでまずは目の前の仕事から学ばないといけない従業員が，まだ遠位で抽象的な組織アイデンティティを顕現させて職務に取り組んでも企業や職場にどれだけ貢献できるかは疑問である．このような立場のときには，むしろ職業的アイデンティティや部門アイデンティティを顕現させて職務に専念した方が，目の前の職務の学習はより早いことだろう．もしその従業員がマネジメント人材であるなら，その後バリューチェーン全体を学ぶよう異動を経験していくと思われる．その過程で，徐々に企業についても考えるようになるだろう．

その従業員がキャリアを積んでミドルになる頃には，様々な経験から自己概念に組織アイデンティティが含まれていく．ちょうどその頃，周囲からの期待や職務の責任などを感じることで，企業に紐づけて役割を認識する機会も増えることだろう．既に企業に同一化している彼（彼女）は，自然に組織アイデンティティを顕現させて職務に従事する．このように組織アイデンティティを顕現させて中間管理職（ミドル）として働くと，ミドルのリーダーシップを上手く発揮でき（cf. Lichtenstein, Netemeyer, & Maxham, 2010)，その経験はその後のキャリアにも重要な意味を持ってくる．そのため，ロワーの頃からの計画的な育成が望まれる．

では改めて，何が役割認識を規定するのだろうか．仮に同じ職務を与えてもそこで認識される役割は一様ではない．役割認識に影響を与えるだろう要因として，①職務内容やその重要性，②職位，③過去の職務経験，④組織アイデンティティの認識，⑤集団プロトタイプ性の認識などが挙げられる．

役割に付与された客観的な情報が認識に作用する場合もあれば（①と②：e.g., Aries et al., 1998)，例えば「我が社で製品開発は花形部門」といった企業の中で重要とされる職場を経験していれば自分の担っている役割を考えることにもなるだろう（③：新井・澤村，2008)．また異動前に現在の職場のことをどう思っていたのかというのも自部門をある意味で内と外から見ていることになり，役割認識に影響を与える．④の組織アイデンティティの認識

は，コープＡのケースでも見られたように，職業的アイデンティティを
「コープＡの職務」として組織アイデンティティの下位概念のように捉える
と，組織アイデンティティに絡めて役割を認識するようになる．⑤の集団プ
ロトタイプ性は集団間比較の結果認識されるもので（Hogg & Abrams,
1988; Hogg & Terry, 2000），比較対象を他社にするか，他の部門にするか
でプロトタイプ性の意味が違ってくる．例えば，他社と比較すれば自ずと浮
かび上がってくるのは「我が社らしさ」であり，「我が社の一員として自分
は何をすべきか」といった組織アイデンティティを意識した役割認識をする
ようになる．

　上記の③に関わるが，現在の職場に対する過去に抱いた"偏見"が，もし
実状と異なっていた場合はどうなるだろう．異動直後には予想に反する現実
が待っていることになり，その職場に社会化するまでの間コンフリクトを抱
えることになるだろう．つまり，社会化することで偏見は解消されるため
（Pettigrew, 1998），コンフリクトを抱えている期間に顕現するアイデンティ
ティが偏見に影響を受ける可能性はあるが，時間の問題である．また，これ
までの歩んできた職場がいわゆる"出世コース"に乗ったものである場合，
従業員は自分のことを企業から期待されていると思い，企業のプロトタイプ
的な行動を自然に振る舞えるように組織アイデンティティを顕現させること
だろう．

　また，④の組織アイデンティティの認識は，偏った側面だけを経験するよ
うな異動ではなく，多面的に組織アイデンティティを形成するように非連続
異動をさせることで，トップのメッセージや企業の行動に納得する機会が増
えていく．それは企業が目指しているものと組織アイデンティティの中核が
関係しているためである．そういった意識を持てるようになると，自然と
「我が社のために」という意識を持って職務に取り組むことができるように
なるだろう（cf. Ashforth & Mael, 1996）．

　経営者まではいかなくても，転職や出向，転籍によって違う組織を経験すると，
さまざまなノウハウが蓄積される．一度でも違う会社を経験した人は，今所属
している会社を客観的に見られるようになるから，会社との微妙な距離感をつ

かむのがうまくなる.　　　　　　　　　　　　　　冨山（2012, p. 170）

　この引用は，まさに人事異動で本書の言わんとしていることと合致する．
異動によって，かつて所属していた部門特有の考え方を客観的に見させ，現
部門の考え方との比較もさせる．そしてこうした"元職場"を社内に複数持
つことで，どの部門にも共通した考え方を見つけることができるようになる．
そもそも，社内にいながら"我が社"について客観的に捉えることは難しい．
そのため，他社を比較対象として自社のプロトタイプ性について考えること
も必要になる（Bartel, 2001）．例えば，客先を訪問したり，社外のセミナー
などに参加した折に，自社の評判を聞いたり，あるいは社名を背負って仕事
をするだけでも自社について意識をすることになる（e.g., Cheney &
Christensen, 2001）．こういった経験は，自社について多く知っているほど，
直接的に自社の関わらない情報でも自社を連想する機会になるだろう．

　以上のような人事異動のマネジメントを企業が従業員に対して行い育成を
していくことで，徐々に企業の発展に貢献しうる人材になっていくと思われ
る．

4. 残された課題

　最後に，本書における残された課題について述べる．まず，第5，6章の
定性的分析は，第3章の定量的分析の結果を受けて行ったものだった．つま
り，定量データを用いて探索的に検討された異動経験と組織的同一化の関係
が理論的な予測に合わない結果となり，その原因を考察した結果，職務経験
の質的な部分を深く議論することが従業員のアイデンティティの変化を把握
するために必要だと考えた．しかし，その定量的分析の問題点として挙げた，
社内の職務の重要性が操作化できていないという点については定性的分析で
も十分に対応できていなかった．これは，職務の重要性をどのように測るか
という問題も含み，今後取り組むべき課題と言える．

　また，第2章で取り上げ仮説でも扱ったアイデンティティコンフリクトは，
理論的頑健性に乏しい概念である．特にこの概念を本書では，基本的にネガ
ティブなものとして扱ってきたが，逆にポジティブな面に焦点を当て，コン

フリクトに陥るために見られる行動などを検討する余地がある．また，コンフリクトが生じるためには複数のアイデンティティを内在化していなければならないわけだが，これは組織アイデンティティなどに目もくれず愚直に職業的アイデンティティだけを意識して働くスペシャリスト（専門職）のような従業員には見られないことになる．総合職とこのような専門職の違いは，コンフリクトを抱えるか否かと言うだけなのだろうか．仕事関連のアイデンティティを"引出し"というメタファーを使って表現すると，その場その場に相応しい行動を複数のアイデンティティから導き出すことも可能になるだろう．つまり，アイデンティティの多さは行動の質を変化させると考えられる．このあたりの自己概念の内容と行動の関係性は今後も議論していく必要があるだろう．

　最後に，本書のケース分析はコープＡの１社のみであった．コープＡの特殊性として経営理念が重視されていて，地域住民からも非常に好印象を持たれているという特徴が確認されている．また当然であるが，複数の業界に及んだ事業を行っているとは言え，生協としての特殊性を含んだケースである．コープＡの特殊性の影響を十分見極める上で，複数社を対象にしたケース分析が望ましかった．

　以上の問題点を含むため，本研究の研究成果が一般性の高いものだと主張するのは難しいかもしれない．したがって，本研究の結果をより一般化する上でも，現状考えられている問題点を克服した分析が今後求められるであろう．

参考文献

Abratt, R. (1989). A new approach to the corporate image management process. *Journal of Marketing Management*, 5(1). 63-76.

Albert S. & Whetten, D.A. (1985). Organizational identity. *Research in Organizational Behavior*, 7, 263-295.

Alvesson, M. (1990). Organization: From substance to image? *Organization Studies*, 11(3), 373-394.

青島矢一（2005）「R&D 人材の移動と技術成果」『日本労働研究雑誌』541, 34-48.

新井一郎・澤村明（2008）「地方公務員の人事異動と昇進構造の分析」『新潟大学経済論集』85, 149-177.

Aries, E., Oliver, R.R., Blount, K., Christaldi, K., Fredman, S., & Lee, T. (1998). Race and gender as components of the working self-concept. *The Journal of Social Psychology*, 138(3), 277-290.

Ashforth, B.E. (1998). Becoming: How does the process of identification unfold? In D.A. Whetten & P.C. Godfrey (Eds.), *Identity in organizations: Building theory through conversations* (pp. 213-222). Thousand Oaks, CA: Sage Publications.

Ashforth, B.E. (2001). *Role transitions in organizational life: An identity-based perspective.* New York, NY: Routledge.

Ashforth, B.E., Harrison, S.H., & Corley, K.G. (2008). Identification in organizations: An examination of four fundamental questions. *Journal of Management*, 34(3), 325-374.

Ashforth, B.E. & Johnson, S.A. (2001). Which hat to wear? The relative salience of multiple identities in organizational contexts. In M.A. Hogg & D.J. Terry (Eds.). *Social identity processes in organizational contexts* (pp. 31-48). Philadelphia, PA: Psychology Press.

Ashforth, B.E. & Kreiner, G.E. (1999). "How can you do it?": Dirty work and the dilemma of identity. *Academy of Management Review*, 24, 413-434.

Ashforth, B.E. & Mael, F.A. (1989). Social identity theory and the organization. *The Academy of Management Review*, 14(1), 20-39.

Ashforth, B.E. & Mael, F.A. (1996). Organizational identity and strategy as a context for the individual. *Advances in Strategic Management*, 13(2), 19-64.

Ashforth, B.E., Rogers, K.M., Pratt, M.G., & Pradies, C. (2014). Ambivalence in organizations: A multilevel approach. *Organization Science*, 25(5), 1453-1478.

Bandura, A. & Huston, A. C. (1961). Identification as a process of incidental learning. *Journal of Abnormal and Social Psychology*, 63(2), 311-318.

Barker, J.R. (1998). Managing identification. In D.A. Whetten & P.C. Godfrey (Eds.), *Identity in organizations: Building theory through conversations* (pp. 257-267). Thousand Oaks, CA: Sage Publications.

Barnard, C.I. (1938). *The functions of the executive.* Cambridge, MA.: Harvard University

Press（山本安次郎・田杉競・飯野春樹訳『新訳　経営者の役割』ダイヤモンド社，1968年）.

Barney, J.B., Bunderson, J.S., Foreman, P., Gustafson, L.T., Huff, A.S., Martins, L.L., Reger, R.K., Sarason, Y., & Stimpert, J.L. (1998). A strategy conversation on the topic of organization identity. In D.A. Whetten & P.C. Godfrey (Eds.), *Identity in organizations: Building theory through conversations* (pp. 99-168). Thousand Oaks, CA: Sage Publications.

Baron, R.M. & Kenny, D.A. (1986). The moderator-mediator variable distinction in social psychological research: Conceptual, strategic, and statistical considerations. *Journal of Personality and Social Psychology*, 51(6), 1173-1182.

Bartel, C.A. (2001). Social comparisons in boundary-spanning work: Effects of community on members' organizational identity and identification. *Administrative Science Quarterly*, 46(3), 379-413.

Bartels, J., Douwes, R., De Jong, M., & Pruyn, A. (2006). Organizational identification during a merger: Determinants of employees' expected identification with the new organization. *British Journal of Management*, 17(1), 49-67.

Bartels, J., Pruyn, A., De Jong, M., & Joustra, I. (2007). Multiple organizational identification levels and the impact of perceived external prestige and communication climate. *Journal of Organizational Behavior*, 28(2), 173-190.

Bem, D.J. (1967). Self-perception: An alternative interpretation of cognitive dissonance phenomena. *Psychological Review*, 74(3), 183-200.

Bergami, M. & Bagozzi, R.P. (2000). Self-categorization, affective commitment and group self-esteem as distinct aspects of social identity in the organization. *British Journal of Social Psychology*, 39(4), 555-577.

Bleuler, E. (1950). *Dementia praecox or the group of schizophrenias*. (J. Zinkin trans.). Madison, CT: International Universities Press.

Brewer, M.B. (1991). The social self: On being the same and different at the same time. *Personality and Social Psychology Bulletin*, 17(5), 475-482.

Brewer, M.B. & Gardner, W. (1996). Who is this "we"?: Levels of collective identity and self-representations. *Journal of Personality and Social Psychology*, 71(1), 83-93.

Brickson, S. (2000). The impact of identity orientation on individual and organizational outcomes in demographically diverse settings. *The Academy of Management Review*, 25(1), 82-101.

Brown, M.E. (1969). Identification and some conditions of organizational involvement. *Administrative Science Quarterly*, 14(3), 346-356.

Buchanan, B. (1974). Building organizational commitment: The socialization of managers in work organizations. *Administrative Science Quarterly*, 19(4), 533-546.

Cabrera, E.F. & Cabrera, A. (2005). Fostering knowledge sharing through people management practices. *The International Journal of Human Resource Management*, 16(5), 720-735.

Cadinu, M.R. & Rothbart, M. (1996). Self-anchoring and differentiation processes in the minimal group setting. *Journal of Personality and Social Psychology*, 70, 661-677.

Campion, M.A., Cheraskin, L., & Stevens, M.J. (1994). Career-related antecedents and outcomes of job rotation. *Academy of Management Journal*, 37(6), 1518-1542.

Cannon-Bowers, J.A. & Salas, E. (2001). Reflections on shared cognition. *Journal of Organizational Behavior*, 22(2), 195-202.

Carmeli, A. (2005). Perceived external prestige, affective commitment, and citizenship behaviors. *Organization Studies*, 26(3), 443-464.

Carmeli, A., Gilat, G., & Weisberg, J. (2006). Perceived external prestige, organizational identification and affective commitment: A stakeholder approach. *Corporate Reputation Review*, 9(2), 92-104.

Cheney, G. (1983). On the various and changing meaning of organizational membership: A field study of organizational identification. *Communication Monographs*, 50(4), 342-362.

Cheney, G. & Christensen, L.T. (2001). Organizational identity: Linkage between internal and external communication. In F.M. Jablin & L.L. Putnam (Eds.), *The new handbook of organizational communication: Advances in theory, research, and methods* (pp. 231-269). Thousand Oaks, CA: Sage Publications.

Clement, R.W. & Krueger, J. (2002). Social categorization moderates social projection. *Journal of Experimental Social Psychology*, 28(3), 219-231.

Cohen-Meitar, R., Carmeli, A., & Waldman, D.A. (2009). Linking meaningfulness in the workplace to employee creativity: The intervening role of organizational identification and positive psychology experiences. *Creativity Research Journal*, 21(4), 361-375.

Combe, I.A. & Carrington, D.J. (2015). Leaders' sensemaking under crises: Emerging cognitive consensus over time within management teams. *The Leadership Quarterly*, 26(3), 307-322.

Conroy, S.A. & O'Leary-Kelly, A.M. (2014). Letting go and moving on: Work-related identity loss and recovery. *Academy of Management Review*, 39(1): 67-87.

Cooke, N.J., Kiekel, P.A., Salas, E., Stout, R., Bowers, C., & Cannon-Bowers, J. (2003). Measuring team knowledge: A window to the cognitive under-pinnings of team performance. *Group Dynamics: Theory, Research, and Practice*, 7(3), 179-199.

Cooper, D. & Thathcer, S.M.B. (2010). Identification in organizations: The role of self-concept orientations and identification motives. *The Academy of Management Review*, 35(4), 516-538.

Corley, K.G. (2004). Defined by our strategy or our culture? Hierarchical differences in perceptions of organizational identity and change. *Human Relations*, 57(9), 1145-1177.

Cornelissen, J.P. (2002). On the 'organizational identity' metaphor. *British Journal of Management*, 13, 259-268.

Costarelli, S. & Colloca, P. (2004). The effects of attitudinal ambivalence on pro-environmental behavioral intentions. *Journal of Environmental Psychology*, 24(3), 279-288.

Deaux, K. (1993). Reconstructing social identity. *Personality and Social Psychology Bulletin*, 19, 4-12.

Doosje, B., Ellemers, N., & Spears, R. (1995). Perceived intragroup variability as a function of group status and identification. *Journal of Experimental Social Psychology*, 31(5), 410-436.

Dukerich, J.M., Kramer, R., & Parks, J.M. (1998). The dark side of organizational identification. In D.A. Whetten & P.C. Godfrey (Eds.), *Identity in organizations: Building theory through conversations* (pp. 245-256). Thousand Oaks, CA: Sage Publications.

Dutton, J.E. & Dukerich, J.M. (1991). Keeping an eye on the mirror: Image and identity in organizational adaptation. *Academy of Management Journal*, 34(3), 517-554.

Dutton, J.E., Dukerich, J.M., & Harquail, C.V. (1994). Organizational images and member identification. *Administrative Science Quarterly*, 39(2), 263-289.

Edwards, M.R. (2005). Organizational identification: A conceptual and operational review. *International Journal of Management Reviews*, 7(4), 207-230.

Ellemers, N., Kortekaas, P., & Ouwerkerk, J.W. (1999). Self-categorization, commitment to the group and group self-esteem as related but distinct aspects of social identity. *European Journal of Social Psychology*, 29(2/3), 371-389.

Elsbach, K.D. & Bhattacharya, C.B. (2001). Defining who you are by what you're not: Organizational disidentification and the national rifle association. *Organization Science*, 12(4), 393-413.

Elsbach, K.D. & Kramer, R.M. (1996). Members' responses to organizational identity threats: Encountering and countering the business week rankings. *Administrative Science Quarterly*, 41(3), 442-476.

Ethier, K.A. & Deaux, K. (1994). Negotiating social identity when contexts change: Maintaining identification and responding to threat. *Journal of Personality and Social Psychology*, 67(2), 243-251.

Festinger, L. (1954). A theory of social comparison processes. *Human Relations*, 7(2), 117-140.

Fombrun, C.J. & van Riel, C.B.M. (2003). *Fame & fortune: How successful companies build winning reputations*. Upper Saddle River, NJ: Financial Times Prentice Hall(花堂靖仁監訳・電通レピュテーション・プロジェクトチーム訳『コーポレート・レピュテーション』東洋経済新報社, 2005 年).

Fong, C.T. & Tiedens, L.Z. (2002). Dueling experiences and dual ambivalences: Emotional and motivational ambivalence of women in high status positions. *Motivation and Emotion*, 26(1), 105-121.

Foreman, P. & Whetten, D.A. (2002). Members' identification with multiple-identity organizations. *Organization Science*, 13(6), 618-635.

Friedman, B.A. (2009). Human resource management role implications for corporate reputation. *Corporate Reputation Review*, 12(3), 229-244.

Gaertner, S.L. & Dovidio, J.F. (2005). Understanding and addressing contemporary racism: From aversive racism to the common ingroup identity model. *Journal of Social Psychology*, 61(3), 615-639.

Gautam, T., van Dick, R., & Wagner, U. (2004). Organizational identification and organizational commitment: Distinct aspects of two related concepts. *Asian Journal of Social Psychology*, 7(3), 301-315.

Gecas, V. & Schwalbe, M.L. (1986). Parental behavior and adolescent self-esteem. *Journal of Marriage and Family*, 48(1), 37-46.

George, E. & Chattopadhyay, P. (2005). One foot in each camp: The dual identification of contract workers. *Administrative Science Quarterly*, 50(1), 68-99.

Gioia, D.A. (1998). From individual to organizational identity. In D.A. Whetten & P.C. Godfrey (Eds.), *Identity in organizations: Building theory through conversations* (pp. 17-31). Thousand Oaks, CA: Sage Publications.

Gioia, D.A., Schultz, M., & Corley, K.G. (2000). Organizational identity, image, and adaptive instability. *Academy of Management Review*, 25(1), 63-81.

Gioia, D.A., Schultz, M., & Corley, K.G. (2002). On celebrating the organizational identity metaphor: A rejoinder to Cornelissen. *British Journal of Management*, 13(3), 269-275.

Glynn, M.A. (2000). When cymbals become symbols: Conflict over organizational identity within a symphony orchestra. *Organization Science*, 11(3), 285-298.

Gossett, L.M. (2002). Kept at arm's length: Questioning the organizational desirability of member identification. *Communication Monographs*, 69(4), 385-404.

Gouldner, A.W. (1957). Cosmopolitans and locals: Toward an analysis of latent social roles. I. *Administrative Science Quarterly*, 2(3), 281-306.

Gouldner, A.W. (1958). Cosmopolitans and locals: Toward an analysis of latent social roles. II. *Administrative Science Quarterly*, 2(4), 444-480.

Grusky, O. (1966). Career mobility and organizational commitment. *Administrative Science Quarterly*, 10(4), 488-503.

Hall, D.T. (1984). Human resource development and organizational effectiveness. In C.J. Fombrun, N.M. Tichy, & M.A. Devanna (Eds.), *Strategic human resource management* (pp. 159-181). New York, NY: John Wiley & Sons.

Hall, D.T. & Schneider, B. (1972). Correlates of organizational identification as a function of career pattern and organizational type. *Administrative Science Quarterly*, 17(3), 340-350.

Hall, D.T., Schneider, B., & Nygren, H.T. (1970). Personal factors in organizational identification. *Administrative Science Quarterly*, 15(2), 176-190.

原琴乃・松繁寿和 (2003)「昇進競争における学歴と性別：百貨店業の事例」『国際公共政策研究』7(2), 171-184.

Harquail, C.V. (1998). Organizational identification and the "whole person": Integrating affect, behavior, and cognition. In D. A. Whetten & P.C. Godfrey (Eds.), *Identity in organizations: Building theory through conversations* (pp. 223-231). Thousand Oaks, CA: Sage Publications.

Haslam, S.A., Jetten, J., Postmes, T., & Haslam, C. (2009). Social identity, health and well-being: An emerging agenda for applied psychology. *Applied Psychology*, 58(1), 1-23.

Haslam, S.A., Oakes, P.J., Reynolds, K.J., & Turner, J.C. (1999). Social identity salience and the emergence of stereotype consensus. *Personality and Social Psychology Bulletin*, 25(7), 809-818.

Haslam, S.A., O'Brien, A., Jetten, J., Vormedal, K., & Penna, S. (2005). Taking the strain: Social identity, social support, and the experience of stress. *The British Journal of Social Psychology*, 44(3), 355-370.

Haslam, S.A. & Platow, M.J. (2001). Your wish is our command: The role of shared social identity in translating a leader's vision into follower's action. In M.A. Hogg & D.J. Terry (Eds.), *Social identity processes in organizational contexts* (pp. 213-228). Philadelphia, PA: Psychology Press.

Haslam, S.A. Postmes, T., & Ellemers, N. (2003). More than a metaphor: Organizational identity makes organizational lite possible. *British Journal of Management*, 14(4), 357-369.

Haslam, S.A. & van Dick, R. (2010). A social identity approach to workplace stress. In D. De Cremer, R. van Dick, & K. Murnighan (Eds.), *Social psychology and organizations* (pp. 325-352). New York, NY: Routledge.

服部泰宏（2012）「日本企業の組織・制度変化と心理的契約：組織内キャリアにおける転機に着目して」『日本労働研究雑誌』54(11), 60-72.

Hayashi, S. (2013). Organizational socialization and collective self-esteem as drivers of organizational identification. *International Business Research*, 6(12), 156-167.

林祥平（2017）「組織アイデンティティの認識と共有」『明治学院大学経済研究』153, 45-64.

Hinkley, K. & Andersen, S.M. (1996). The working self-concept in transference: Significant-other activation and self change. *Journal of Personality and Social Psychology*, 71(6), 1279-1295.

平野光俊・内田恭彦・鈴木竜太（2008）「日本的キャリアシステムの価値創造のメカニズム」『一橋ビジネスレビュー』56(1), 76-92.

Hitlin, S. (2003). Values as the core of personal identity: Drawing links between two theories of self. *Social Psychology Quarterly*, 66(2), 118-137.

Ho, W.H., Chang, C.S., Shih, Y.L., & Liang, R.D. (2009). Effects of job rotation and role stress among nurses on job satisfaction and organizational commitment. *BMH Health Services Research*, 9(8), 1-10.

Hogg, M.A. (2001). Social identification, group prototypicality, and emergent leadership. In M.A. Hogg & D.J. Terry (Eds.), *Social identity processes in organizational contexts* (pp. 197-212). Philadelphia, PA: Psychology Press.

Hogg, M.A. & Abrams, D. (1988). *Social identifications: A social psychology of intergroup relations and group processes.* New York, NY: Routledge（吉森護・野村泰代訳『社会的アイデンティティ理論：新しい社会心理学体系化のための一般理論』北大路書房，1995 年）.

Hogg, M.A. & Hains, S.C. (1998). Friendship and group identification: A new look at the role of cohesiveness in groupthink. *European Journal of Social Psychology,* 28(3), 323-341.

Hogg, M.A. & Sunderland, J. (1991). Self-esteem and intergroup discrimination in the minimal group paradigm. *British Journal of Social Psychology,* 30(1), 51-62.

Hogg, M.A. & Terry. D.J. (2000). Social identity and self-categorization processes in organizational contexts. *Academy of Management Review,* 25(1), 121-140.

Hogg, M.A., Terry, D.J., & White, K.M. (1995). A tale of two theories: A critical comparison of identity theory with social identity. *Social Psychology Quarterly.* 58(4), 255-269.

Homans, G.C. (1961). *Social behavior: Its elementary forms.* London: Routledge & Kegan Paul（橋本茂訳『社会行動：その基本形態』誠信書房，1978 年）.

Ibarra, H. & Smith-Lovin, L. (1997). New directions in social network research on gender and organizational careers. In C.L. Cooper & S.E. Jackson (Eds.), *Creating tomorrow's organizations: A handbook for future research in organizational behavior* (pp. 359-383), New York, NY: John Wiley & Sons.

池田謙一・唐沢穰・工藤恵理子・村本由紀子（2010）『社会心理学』有斐閣 .

Jacoby, S.M. (2005). *The embedded corporation: Corporate governance and employment relations in Japan and the United States.* Princeton, NJ: Princeton University Press（鈴木良始・伊藤健市・堀龍二訳『日本の人事部・アメリカの人事部：日本企業のコーポレート・ガバナンスと雇用関係』東洋経済新報社，2005 年）.

Järvi, M. & Uusitalo, T. (2004). Job rotation in nursing: A study of job rotation among nursing personnel from the literature and via a questionnaire. *Journal of Nursing Management,* 12(5), 337-347.

神信人・山岸俊男（1997）「社会的ジレンマにおける集団協力ヒューリスティクスの効果」『社会心理学研究』12(3), 190-198.

神信人・山岸俊男・清成透子（1996）「双方向依存性と "最小条件集団パラダイム"」『心理学研究』67(2), 77-85.

Johnson, A.L., Crawford, M.T., Sherman, S.J., Rutchick, A.M., Hamilton, D.L., Ferreira, M.B., & Petrocelli, J.V. (2006). A functional perspective on group memberships: Differential need fulfillment in a group typology. *Journal of Experimental Social Psychology,* 42(6), 707-719.

Johnson, M.D. & Morgeson, F.P. (2005). Cognitive and affective identification in organizational settings. Paper presented at the 65th Annual Meeting of the Academy of Management, Honolulu, HI.

Johnson, M.D., Morgeson, F.P., & Hekman, D.R. (2012). Cognitive and affective identification: Exploring the links between different forms of social identification and personality with work attitudes and behavior. *Journal of Organizational Behavior*, 33(8), 1142-1167.

Johnson, S.A. & Ashforth, B.E. (2008). Externalization of employment in a service environment: The role of organizational and customer identification. *Journal of Organizational Behavior*, 29(3), 287-309.

Jones, S.R. & McEwen, M.K. (2000). A conceptual model of multiple dimensions of identity. *Journal of College Student Development*, 41(4), 405-414.

柿本敏克（1997）「社会的アイデンティティ研究の概要」『実験社会心理学研究』37(1), 97-108.

笠井恵美（2011）「まったく異なる職務への異動が企業における熟達を促す可能性の検討」『Works Review』6, 62-73.

金倫廷（2010）「組織アイデンティティ研究における2つの視点」『商学研究科紀要』71, 35-48.

木内宏（2005）「企業内プロフェッショナルの処遇と育成："サラリーマン"や"OL"はどのように進化するのか」『日本労働研究雑誌』47(8), 58-66.

小池和男（1991）『仕事の経済学（初版）』東洋経済新報社.

小池和男（1999）『仕事の経済学（第2版）』東洋経済新報社.

小池和男（2005）『仕事の経済学（第3版）』東洋経済新報社.

小池和男・猪木武徳編（2002）『ホワイトカラーの人材形成：日米英独の比較』東洋経済新報社.

Kreiner, G.E. & Ashforth, B.E. (2004). Evidence toward an expanded model of organizational identification. *Journal of Organizational Behavior*, 25(1), 1-27.

Krueger, J. & Zeiger, J.S. (1993). Social categorization and the truly false consensus effect. *Journal of Personality and Social Psychology*, 65(4), 670-680.

Kusunoki, K. & Numagami, T. (1998). Interfunctional transfers of engineers in Japan: Empirical findings and implications for cross-functional integration. *Institute of Electrical and Electronics Engineers Transactions on Engineering Management*, 45(3), 250-262.

Ladau, J. & Hammer, T.H. (1986). Clerical employees' perceptions of intraorganizational career opportunities. *Academy of Management Journal*, 29(2), 385-404.

Lee, S.M. (1969). Organizational identification of scientists. *The Academy of Management Journal*, 12(3), 327-337.

Lee, S.M. (1971). An empirical analysis of organizational identification. *The Academy of Management Journal*, 14(2), 213-226.

Leonard, D. & Swap, W. (2005). *Deep smarts: How to cultivate and transfer enduring business wisdom*. Boston, MA: Harvard Business School Press（池村千秋訳『「経験知」を伝える技術：ディープスマートの本質』ランダムハウス講談社, 2005年).

Lichtenstein, D.R., Netemeyer, R.G., & Maxham, J.G. III (2010). The relationships among manager-, employee-, and customer-company identification: Implications for retail store financial performance. *Journal of Retailing*, 86(1), 85-93.

London, M. (1983). Toward a theory of career motivation. *Academy of Management Review*, 8(4), 620-630.

Lord, R.G. & Brown, D.J. (2004). *Leadership processes and follower self-identity* (pp. 12-32). New York, NY: Routledge.

Louis, M.R. (1980). Career transitions: Variety and commonalities. *Academy of Management Review*, 5(3), 329-340.

Luhtanen, R. & Crocker, J. (1992). A collective self-esteem scale: Self-evaluation of one's social identity. *Personality and Social Psychology Bulletin*, 18(3), 302-318.

Mael, F.A. & Ashforth, B.E. (1992). Alumni and their alma mater: A partial test of the reformulated model of organizational identification. *Journal of Organizational Behavior*, 13(2), 103-123.

Mael, F. A. & Ashforth, B. E. (1995). Loyal from day one: Biodata, organizational identification, and turnover among newcomers. *Personnel Psychology*, 48(2), 309-333.

March, J.G. & Simon, H.A. (1958). *Organizations*. New York, NY: Wiley（高橋伸夫訳『オーガニゼーションズ第 2 版：現代組織論の原典』ダイヤモンド社，2014 年）.

Marks, M.A., Sabella, M.J., Burke, C.S., & Zaccaro, S.J. (2002). The impact of cross-training on team effectiveness. *Journal of Applied Psychology*, 87(1), 3-13.

Marques, J.M. & Yzerbyt, V.Y. (1988). The black sheep effect: Judgmental extremity towards ingroup members in inter- and intra-group situations. *European Journal of Social Psychology*, 18(3), 287-292.

Marques, J.M., Yzerbyt, V.Y., & Leyens, J.P. (1988). The 'black sheep' effect: Extremity of judgment towards ingroup members as a function of group identification. *European Journal of Social Psychology*, 18(1), 1-16.

松繁寿和（2000）「キャリアマラソンの序盤：文系大卒ホワイトカラーの異動と選抜」『国際公共政策研究』4(2), 21-40.

McElroy, J.C., Morrow, P.C., & Mullen, E.J. (1996). Intraorganizational mobility and work related attitudes. *Journal of Organizational Behavior*, 17(4), 363-374.

Meyer, J.P., Becker, T.E., & van Dick, R. (2006). Social identities and commitments at work: Toward an integrative model. *Journal of Organizational Behavior*, 27(5), 665-683.

Millward, L.J., Haslam, S. A., & Postmes, T. (2007). Putting employees in their place: The impact of hot desking on organizational and team identification. *Organization Science*. 18(4), 547-559.

水野暢子（2013）「看護中間管理者のキャリア発達過程とそれに関連する要因」『日本看護研究学会雑誌』36(1), 81-92.

Mohammed, S. (2001). Toward an understanding of cognitive consensus in a group decision-making context. *The Journal of Applied Behavioral Science*, 37(4), 408-425.

Mohammed, S. & Dumville, B.C. (2001). Team mental models in a team knowledge framework: Expanding theory and measurement across disciplinary boundaries.

Journal of Organizational Behavior, 22(2), 89-106.

Mohammed, S. & Ringseis, E. (2001). Cognitive diversity and consensus in group decision making: The role of inputs, processes, and outcomes. *Organizational Behavior and Human Decision Processes*, 85(2), 310-335.

守島基博 (2002)「ホワイトカラーの人材育成とマネジメント能力」『一橋ビジネスレビュー』50(2), 34-45.

縄田健悟・山口裕幸 (2008)「階層的な集団間関係において上位集団の顕現性が集団間バイアスに及ぼす影響」『九州大学心理学研究』9, 27-33.

小川憲彦 (2005)「リアリティ・ショックが若年者の就業意識に及ぼす影響」『経営行動科学』18(1), 31-44.

岡本祐子 (1999)「アイデンティティ論からみた生涯発達とキャリア形成」『組織科学』33(2), 4-13.

奥村惠一 (1996)「変革期における経営理念の刷新：経営理念の階層性と領域性に関連して」『横浜経営研究』17(3), 217-233.

大石千歳・吉田富士雄 (2001)「内外集団の比較の文脈が黒い羊効果に及ぼす影響：社会的アイデンティティ理論の観点から」『心理学研究』71(6), 445-453.

大内章子 (1999)「大卒女性ホワイトカラーの企業内キャリア形成：女性総合職・基幹職の実態調査より」『日本労働研究雑誌』471, 15-28.

大内章子 (2012)「大卒女性ホワイトカラーの中期キャリア：均等法世代の総合職・基幹職の追跡調査より」『ビジネス＆アカウンティングレビュー』9, 85-105.

Ortega, J. (2001). Job rotation as a learning mechanism. *Management Science*, 47(10), 1361-1370.

Otten, S. & Wentura, D. (2001). Self-anchoring and in-group favoritism: And individual profiles analysis. *Journal of Experimental Social Psychology*. 37(6), 525-532.

Pettigrew, T.F. (1998). Intergroup contact theory. *Annual Review of Psychology*, 49, 65-85.

Podolny, J.M. & Baron, J.N. (1997). Resources and relationships: Social networks and mobility in the workplace. *American Sociological Review*, 62(5), 673-693.

Pratt, M.G. (1998). To be or not to be? Central questions in organizational identification. In D.A. Whetten & P.C. Godfrey (Eds.), *Identity in organizations: Building theory through conversations* (pp. 171-207). Thousand Oaks, CA: Sage Publications.

Pratt, M.G. (2000). The good, the bad, and the ambivalent: Managing identification among amway distributors. *Administrative Science Quarterly*, 45(3), 456-493.

Pratt, M.G. & Doucet, L. (2000). Ambivalent feeling in organizational relationships. In S. Fineman (Ed.), *Emotion in organizations* (2nd ed.)(pp. 204-226). Thousand Oaks, CA: Sage Publications.

Pratt, M.G. & Foreman, O.F. (2000). Classifying managerial responses to multiple organizational identities. *Academy of Management Review*, 25(1), 18-42.

Pratt, M.G. & Rafaeli, A. (1997). Organizational dress as a symbol of multilayered social identities. *Academy of Management Journal*, 40(4), 862-898.

Pratt, M.G., Rockmann,K.W., & Kaufmann, J.B. (2006). Constructing professional identity: The role of work and identity learning cycles in the customization of identity among medical residents. *Academy of Management Journal*, 49(2), 235-262.

Randall, J. & Procter, S. (2008). Ambiguity and ambivalence: Senior managers' accounts of organizational change in a restructured government department. *Journal of Organizational Change Management*, 21(6), 686-700.

Ravasi, D. & Schultz, M. (2006). Responding to organizational identity threats: Exploring the role of organizational culture. *Academy of Management Journal*, 49(3), 433-458.

Riketta, M. & van Dick, R. (2005). Foci of attachment in organizations: A meta-analytic comparison of the strength and correlates of workgroup versus organizational identification and commitment. *Journal of Vocational Behavior*, 67(3), 490-510.

Rohall, D.E., Prokopenko, O., Ender, M.G., & Matthews, M.D. (2014). The role of collective and personal self-esteem in a military context. *Current Research in Social Psychology*, 22(2), 1-21.

Rokeach, M. (1973). *The nature of human values*. New York, NY: Free Press.

Rotondi, T.Jr. (1974). Creativity and organizational identification in research and development environments. *Public Personnel Management*, 3(1), 53-58.

Rotondi, T.Jr. (1975). Organizational identification and group involvement. *Academy of Management Journal*, 18(4), 892-897.

Rousseau, D.M. (1998). Why workers still identify with organizations. *Journal of Organizational Behavior*, 19(3), 217-233.

坂田桐子・淵上克義編（2008）『社会心理学におけるリーダーシップ研究のパースペクティブⅠ』ナカニシヤ出版.

坂田桐子・藤本光平・高口央（2005）「リーダーシップと集団成員性：リーダーの影響力に及ぼす集団プロトタイプ性の効果」『実験社会心理学研究』44(2), 109-121.

産労総合研究所（2011）「それでも，ジョブローテーション：異動は人をどう成長させるか」『企業と人材』44, 6-31.

佐藤郁哉（2008）『質的データ分析法：原理・方法・実践』新曜社.

佐藤秀典（2013）「組織アイデンティティ論の発生と発展」組織学会編『組織論レビューⅡ』1-36, 白桃書房.

佐藤郁哉・芳賀学・山田真茂留（2011）『本を生みだす力：学術出版の組織アイデンティティ』新曜社.

Schein, E.H. (1980). *Organizational psychology* (3rd ed.). Englewood Cliffs, NJ: Prentice Hall（松井賚夫訳『組織心理学』岩波書店，1981 年）.

Schneider, B., Hall, D.T., & Nygren, H.T. (1971). Self image and job characteristics as correlates of changing organizational identification. *Human Relations*, 24(5), 397-416.

Scott, W.A. (1966). Brief report: Measures of cognitive structure. *Multivariate Behavioral Research*, 1(3), 391-395.

Simon, H.A. (1947). *Administrative behavior: A study of decision-making process in administrative organization*. New York, NY: Macmillan（松田武彦・高柳暁・二村敏

子訳『経営行動』ダイヤモンド社，1965 年）．

Sluss, D.M. & Ashforth, B.E. (2007). Relational identity and identification: Defining ourselves through work relationships. *Academy of Management Review*, 32(1), 9-32.

Sluss, D.M. & Ashforth, B.E. (2008). How relational and organizational identification converge: Processes and conditions. *Organization Science*, 19(6), 807-823.

Smidts, A., Pruyn, A.T.H., & van Riel, C.B.M. (2001). The impact of employee communication and perceived external prestige on organizational identification. *Academy of Management Journal*, 49(5), 1051-1062.

Smith, E.R. & Henry, S. (1996). An in-group becomes part of the self: Response time evidence. *Personality and Social Psychology Bulletin*, 22(6), 635-642.

杉浦正和（2013）「役割理論の諸概念と職場におけるロール・コンピテンシー」『早稲田国際経営研究』44, 15-29.

Swaab, R., Postmes, T., van Beest, I., & Spears, R. (2007). Shared cognition as a product of, and precursor to, shared identity in negotiations. *Personality and Social Psychology Bulletin*, 33(2), 187-199.

Swann, W.B. Jr., Gómez, A., Seyle, D.C., Morales, J.F., & Huici, C. (2009). Identity fusion: The interplay of personal and social identities in extreme group behavior. *Journal of Personality and Social Psychology*. 96(5), 995-1011.

Swann, W.B. Jr., Johnson, R.E., & Bosson, J.K. (2009). Identity negotiation at work. *Research in Organizational Behavior*, 29, 81-109.

Swann, W.B. Jr., Milton, L.P., & Polzer, J.T. (2000). Should we create a niche or fall in line? Identity negotiation and small group effectiveness. *Journal of Personality and Social Psychology*, 79(2), 238-250.

Swann, W.B. Jr. & Read, S.J. (1981). Self-verification processes: How we sustain our self-conceptions. *Journal of Experimental Social Psychology*, 17(4): 351-371.

Swann, W.B. Jr., Stephenson, B., & Pittman, T.S. (1981). Curiosity and control: On the determinants of the search for social knowledge. *Journal of Personality and Social Psychology*, 40(4), 635-642.

田端拓哉・向井有理子・宮崎弦太・池上知子（2012）「社会的アイデンティティの多様性と調和性が精神的健康に与える影響：大都市部大学生の場合」『都市文化研究』14, 70-79.

Tajfel, H. (1970). Experiments in intergroup discrimination. *Scientific American*, 223(5), 96-102.

Tajfel, H. (1982). Social psychology of intergroup relations. *Annual Review of Psychology*, 33(1), 1-39.

Tajfel, H., Billig, M.G., Bundy, R.P., & Flament, C. (1971). Social categorization and intergroup behavior. *European Journal of Social Psychology*, 1(2), 149-177.

Tajfel, H. & Turner, J.C. (1979). An integrative theory of intergroup conflict. In W.G. Austin & S. Worchel (Eds.), *The social psychology of intergroup relations* (pp. 33-47). Monterey, CA: Books-Cole.

髙巖（2010）「経営理念はパフォーマンスに影響を及ぼすか：経営理念の浸透に関する調査結果をもとに」『麗澤経済研究』18(1), 57-66.

高田朝子（2013）「女性管理職育成についての定性的調査からの一考察：昇進の背中をおした事象とは何か」『経営行動科学』26(3), 233-248.

高村勣（1993）「運動を組織化する：コミュニティ事業への第三の道」『ビジネス・インサイト』1(2), 62-80.

高尾義明（2013）「組織アイデンティフィケーションと組織コミットメントの弁別性：日本における組織アイデンティフィケーション研究に向けた予備的分析」『経営と制度』11, 65-80.

高尾義明・王英燕（2012）『経営理念の浸透：アイデンティティ・プロセスからの実証分析』有斐閣.

Taylor, F.W. (1911). *The principles of scientific management*. New York, NY: Harper（有賀裕子訳『新訳 科学的管理法：マネジメントの原点』ダイヤモンド社, 2009 年）.

Tompkins, P.K. & Cheney, G. (1985). Communication and unobtrusive control in contemporary organizations. In R.D. McPhee & P.K. Tompkins (Eds.). *Organizational communication: Traditional themes and new directions* (pp. 179-210). Newbury Park, CA: Sage.

Tompson, M.M., Zanna, M.P., & Griffin, D.W. (1995). Let's not be indifferent about (attitudinal) ambivalence. In R. E. Petty & J. A. Krosnick (Eds.), *Attitude strength: Antecedents and concequences* (pp. 361-386). Mahwah, NJ: Lawrence Erlbaum Associates.

冨山和彦（2012）『IGPI 流 セルフマネジメントのリアル・ノウハウ』PHP ビジネス新書.

Turban, D.B. & Cable, D.M. (2003). Firm reputation and applicant pool characteristics. *Journal of Organizational Behavior*, 24(6), 733-751.

Turner, J.C. (1999). Some current issues in research on social identity and self-categorization theories. In N. Ellemers, R. Spears, & B. Doosje (Eds.), *Social identity: Context, commitment, content* (pp. 6-34). Hoboken, NJ: Wiley-Blackwell.

Turner, J.C., Hogg, M.A., Oakes, P.J., Reicher, S.D., & Wetherell, M.S. (1987). *Rediscovering the social group: A self-categorization theory*. Oxford, UK: Blackwell Publishers（蘭千壽・磯崎三喜年・内藤哲雄・遠藤由美訳『社会集団の再発見：自己カテゴリー化理論』誠信書房, 1995 年）.

碓井真史（1992）「内発的動機づけに及ぼす自己有能感と自己決定感の効果」『社会心理学研究』7(2), 85-91.

van Dick, R. (2001). Identification in organizational contexts: Linking theory and research from social and organizational psychology. *International Journal of Management Reviews*, 3(4), 265-283.

van Knippenberg, D. & Sleebos, E. (2006). Organizational identification versus organizational commitment: self-definition, social exchange, and job attitude. *Journal of Organizational Behavior*, 27(5), 571-584.

van Knippenberg, D., van Knippenberg, B., Monden, L., & de Lima, F. (2002).

Organizational identification after a merger: A social identity perspective. *British Journal of Social Psychology*, 41(2), 233-252.

van Leeuwen, E., van Knippenberg, D., & Ellemers, E. (2003). Continuing and changing group identities: The effects of merging on social identification and ingroup bias. *Personality and Social Psychology Bulletin*, 29(6), 679-690.

Vardi, Y. & Wiener, Y. (1996). Misbehavior in organizations: A motivational framework. *Organization Science*, 7(2), 151-165.

Veiga, J.F. (1983). Mobility influences during managerial career stages. *Academy of Management Journal*, 26(1), 64-85.

Verganti, R. (2011). Designing breakthrough products. *Harvard Business Review*, 89(10), 114-120.

Volpe, C.E., Cannon-Bowers, J.A., Salas, E., & Spector, P.E. (1996). The impact of cross-training on team functioning: An empirical investigation. *The Journal of the Human Factors and Ergonomics Society*, 38(1), 87-100.

Waddell, N. & Cairns, E. (1986). Situational perspectives on social identity in Northern Ireland. *British Journal of Social Psychology*, 25(1), 25-31.

若林満 (2006)「組織内キャリア発達とその環境」『経営行動科学』19(2), 77-108.

Wanous, J.P. (1992). *Organizational entry: Recruitment, selection, and socialization of newcomers* (2nd. Ed.). Reading, MA: AddisonWesley.

Yaniv, I. (2004). Receiving other people's advice: Influence and benefit. *Organizational Behavior and Human Decision Processes*, 93, 1-13.

八巻俊雄 (1984)『企業イメージ戦略と CI』産業能率大学出版部.

山本寛 (1999)「組織の配置管理と管理職のキャリア・プラトー現象との関係：キャリア発達の観点から」『組織科学』33(1), 80-96.

八代充史 (1993)『大企業ホワイトカラーの異動と昇進：「ホワイトカラーの企業内配置・昇進に関する実態調査」結果報告（調査研究報告書 No.37)』日本労働研究機構.

八代充史 (1999)「ホワイトカラーのキャリア形成と『異動の力学』」『組織科学』33(2), 47-56.

八代充史 (2011)「管理職への選抜・育成から見た日本的雇用制度」『日本労働研究雑誌』606, 20-29.

Yin, R.K. (1984). *Case study research*. Beverly Hills, CA: Sage Publications（近藤公彦訳『新装版 ケース・スタディの方法（第 2 版)』千倉書房, 2011 年).

Young, D.R. (2001). Organizational identity in nonprofit organizations: Strategic and structural implications. *Nonprofit Management and Leadership*, 12(2), 139-157.

人名索引

〈A〉

Abrams, D.・・・・・・・・・・・・・・・・・・・・・・・・・・・67, 189
Abratt, R.・・・・・・・・・・・・・・・・・・・・・・・・・・・・・・・・39
Albert, S.・・・・・・・・27, 30, 32, 34, 35, 36, 123, 128
Alvesson, M.・・・・・・・・・・・・・・・・・・・・・・・・・・・・・・32
Andersen, S.M.・・・・・・・・・・・・・・・・・・・・・・・・・・・・47
Aries, E.・・・・・・・・・・・・・・・・・・・・・・・・・・・47, 184, 188
Ashforth, B.E.・・・・・・5, 7, 14, 15, 16, 17, 20, 22, 24,
　25, 26, 29, 33, 37, 38, 39, 42, 43, 47, 49, 50, 75,
　78, 86, 100, 103, 104, 105, 113, 119, 122, 124,
　128, 159, 162, 168, 169, 170, 171, 172, 177, 184,
　186, 187, 189

〈B〉

Bagozzi, R.P.・・・・・・・・・・・・・・・・・・・・・・・・・・・・・・103
Bandura, A.・・・・・・・・・・・・・・・・・・・・・・・・・・・・・・・55
Barker, J.R.・・・・・・・・・・・・・・・・・・・・・・・・・・・・・2, 124
Barnard, C.I.・・・・・・・・・・・・・・・・・・・・・・・・・・・・・・・1
Barney, J.B.・・・・・・・・・・・・・・・・・・27, 30, 32, 123
Baron, J.N.・・・・・・・・・・・・・・・・・・・・・・・・・・・・・・・71
Baron, R.M.・・・・・・・・・・・・・・・・・・・・・・・・・・・・・・91
Bartel, C.A.・・・・・・・・・・・・・・・・・・・・・・・・・・127, 190
Bartels, J.・・・・・・・42, 44, 45, 49, 105, 113, 119, 167,
　182
Bem, D.J.・・・・・・・・・・・・・・・・・・・・・・・・・・・・・・・127
Bergami, M.・・・・・・・・・・・・・・・・・・・・・・・・・・・・・103
Bhattacharya, C.B.・・・・・・・・・・・・・・・・・・・・・・・・25
Bosson, J.K.・・・・・・・・・・・・・・・・・・・・・・・・・・・・・・62
Brewer, M.B.・・・・・・・・・・・・・・・・・・・・24, 48, 122
Brickson, S.・・・・・・・・・・・・・・・・・・・・・・・・・・・・・・32
Brown, D.J.・・・・・・・・・・・・・・・・・・・・・・・・・・・・・155
Brown, M.E.・・・・・・・・・・・・・・・・・・・・・・・・・・15, 19
Buchanan, B.・・・・・・・・・・・・・・・・・・・・・・・・・・・・・55

〈C〉

Cable, D.M.・・・・・・・・・・・・・・・・・・・・・・・・・・・・・187
Cabrera, A.・・・・・・・・・・・・・・・・・・・・・・・・・・・・・・185
Cabrera, E.F.・・・・・・・・・・・・・・・・・・・・・・・・・・・・185
Cadinu, M.R.・・・・・・・・・・・・・・・・・・・・・・・・・・・・・70
Cairns, E.・・・・・・・・・・・・・・・・・・・・・・・・・・・・・・・・46
Campion, M.A.・・・・・・・・・・・・・・・・・・・・・・・・58, 187

〈A（右列続き）〉

Cannon-Bower, J.A.・・・・・・・・・・・・・・・・・・・・・・・・69
Carmeli, A.・・・・・・・・・・・・・・・・・・・・・・・・22, 46, 50
Carrington, D.J.・・・・・・・・・・・・・・・・・・・・・・・・・・・69
Chattopadhyay, P.・・・・・・・・・・・・・22, 43, 44, 182
Cheney, G.・・・・・・・・・・・・18, 20, 50, 127, 170, 190
Cheraskin, L.・・・・・・・・・・・・・・・・・・・・・・・・・・・・・58
Christensen, L.T.・・・・・・・・・・・・・・・・50, 127, 190
Clement, R.W.・・・・・・・・・・・・・・・・・・・・・・・・・・・・70
Cohen-Meitar, R.・・・・・・・・・・・・・・・・・・・・・・・・・46
Combe, I.A.・・・・・・・・・・・・・・・・・・・・・・・・・・・・・・69
Conroy, S.A.・・・・・・・・・・・・・・・・・・・・・・・・・42, 168
Cooke, N.J.・・・・・・・・・・・・・・・・・・・・・・・・・・・・・185
Cooper, D.・・・・・・・・・・・・・・・・・・・・・・・・・・・・・・・46
Corley, K.G.・・・・・14, 28, 31, 32, 66, 73, 74, 123, 169
Cornelissen, J.P.・・・・・・・・・・・・・・・・・・・・・・・・・・32
Crocker, J.・・・・・・・・・・・・・・・・・・・・・・・・・・・・・・・63

〈D〉

Deaux, K.・・・・・・・・・・・・・・・・・・・35, 47, 65, 174
Doosje, B.・・・・・・・・・・・・・・・・・・・・・・・22, 46, 68
Doucet, L.・・・・・・・・・・・・・・・・・・・・・・・・・・27, 171
Dovidio, J.F.・・・・・・・・・・・・・・・・・・・・・・・・・50, 65
Dukerich, J.M.・・・・・・・・15, 23, 26, 28, 32, 77, 185
Dumville, B.C.・・・・・・・・・・・・・・・・・・・・・・・・・・・69
Dutton, J.E.・・・・・・・・・・・・・15, 16, 22, 28, 32, 77

〈E〉

Edwards, M.R.・・・・・・・・・・・・・・・・・・・・・・・・・・・14
Ellemers, E.・・・・・・・・・・・・・・・・・・・・・・・・・・・・・・44
Ellemers, N.・・・・・・・・・・・・・・・・・・・・・・15, 22, 32
Elsbach, K.D.・・・・・・・・・・・・・・・・・・・・・・・・22, 25
Ethier, K.A.・・・・・・・・・・・・・・・・・・・・・47, 65, 174

〈F〉

Festinger, L.・・・・・・・・・・・・・・・・・・・・・・・・・・・・・21
Fombrun, C.J.・・・・・・・・・・・・・・・・・・・・・・・・・・・・29
Fong, C.T.・・・・・・・・・・・・・・・・・・・・・・・・・・・・・・・26
Foreman, O.F.・・・・・・・・・・・・・・・・・・・・・・・・75, 184
Foreman, P.・・・・・・・・・・・・・・・・・・・・・4, 32, 74, 128
Freud, S.・・・・・・・・・・・・・・・・・・・・・・・・・・・・・・・・13
Friedman, B.A.・・・・・・・・・・・・・・・・・・・・・・125, 187

⟨G⟩

Gaertner, S.L. 50, 65
Gardner, W. 24
Gecas, V. 64
George, E. 22, 43, 44, 182
Gilat, G. 22
Gioia, D.A. 27, 28, 32, 35
Glynn, M.A. 31, 49, 74, 78, 128
Gómez, A. 34
Gossett, L.M. 23, 187
Gouldner, A.W. 41, 167
Grusky, O. 59

⟨H⟩

Hains, S.C. 23
Hall, D.T. 2, 5, 15, 19, 41, 170, 182
Hammer, T.H. 58
Harquail, C.V. 14, 15
Harrison, S.H. 14
Haslam, S.A. 16, 32, 34, 46, 49, 72
Hayashi, S. 133
Hekman, D.R. 14
Henry, S. 70
Hinkley, K. 47
Hitlin, S. 35, 36
Ho, W.H. 58
Hogg, M.A. 23, 47, 67, 170, 189
Huston, A.C. 55

⟨I⟩

Ibarra, H. 72

⟨J⟩

Jacoby, S.M. 182
Järvi, M. 54, 55
Johnson, M.D. 14, 15
Johnson, R.E. 62
Johnson, S.A. 37, 38, 39, 42, 43, 47, 48, 75, 78, 184
Jones, S.R. 35

⟨K⟩

Kaufmann, J.B. 39
Kenny, D.A. 91
Kortekass, P. 15
Kramer, R.M. 22, 23
Kreiner, G.E. 24, 25, 33, 172
Krueger, J. 70

Kusunoki, K. 54

⟨L⟩

Ladau, J. 58
Lee, S.M. 41, 167, 184
Leyens, J.P. 22
Lichtenstein, D.R. 188
London, M. 60
Lord, R.G. 155
Louis, M.R. 57, 59
Luhtanen, R. 63

⟨M⟩

Mael, F.A. 5, 7, 15, 16, 17, 20, 22, 29, 39, 86, 103, 104, 105, 119, 124, 128, 159, 162, 169, 170, 177, 187, 189
March, J.G. 1, 17, 18, 37, 40, 41, 108, 177, 184
Marks, M.A. 185
Marques, J.M. 22, 68
Maxham, J.G. III 188
McElroy, J.C. 59
McEwen, M.K. 35
Millward, L.J. 49, 184
Milton, L.P. 62
Mohammed, S. 69
Morgeson, F.P. 14, 15
Morrow, P.C. 59
Mullen, E.J. 59

⟨N⟩

Netemeyer, R.G. 188
Numagami, T. 54
Nygren, H.T. 5, 15

⟨O⟩

O'Leary-Kelly, A.M. 42, 168
Ortega, J. 55, 58
Otten, S. 70
Ouwerkerk, J.W. 15

⟨P⟩

Parks, J.M. 23
Pettigrew, T.F. 189
Pittman, T.S. 61
Platow, M.J. 16
Podolny, J.M. 71
Polzer, J.T. 62
Postmes, T. 32, 49
Pratt, M.G. 2, 15, 21, 25, 26, 39, 75, 108, 167,

171, 182, 185, 187
Procter, S.···27
Pruyn, A.T.H.···22

〈R〉

Rafaeli, A.···39
Randall, J.···27
Ravasi, D.···32
Read, S.J.·······································60, 61, 121
Riketta, M.··49
Ringseis, E.···69
Rockmann, K.W.···39
Rohall, D.E.···63
Rothbart, M.··70
Rotondi, T.Jr.·························41, 42, 167, 184
Rousseau, D.M.···································15, 24

〈S〉

Salas, E.··69
Schein, E.H.···1
Schneider, B.·················5, 15, 19, 41, 167, 182
Schultz, M.··32
Schwalbe, M.L.··64
Simon, H.A.·····1, 17, 18, 37, 40, 41, 108, 177, 184
Sluss, D.M.·······································24, 100
Smidts, A.···22
Smith, E.R.···70
Smith-Lovin, L.···72
Spears, R.···22
Stephenson, B.···61
Stevens, M.J.··58
Sunderland, J.···170
Swaab, R.··68
Swann, W.B.Jr.··············34, 60, 61, 62, 121, 173

〈T〉

Tajfel, H.·······································13, 16, 155
Taylor, F.W.···1
Terry, D.J.······································47, 189
Thathcer, S.M.B.··46
Tiedens, L.Z.···26
Tompkins, P.K.···································18, 170
Turban, D.B.···187
Turner, J.C.····················13, 16, 17, 46, 63

〈U〉

Uusitalo, T.······································54, 55

〈V〉

van Dick, R.·······························15, 16, 49
van Knippenberg, D.·······················44, 182
van Leeuwen, E.···························44, 182
van Riel, C.B.M.···························22, 29
Vardi, Y.·································23, 187
Veiga, J.F.·····································58
Verganti, R.····································23
Volpe, C.E.····································185

〈W〉

Waddell, N.···································46
Waldman, D.A.································46
Weisberg, J.···································22
Wentura, D.····································70
Whetten, D.A.·····4, 27, 30, 32, 34, 35, 36, 74, 123,
128, 184
White, K.M.····································47
Wiener, Y.·································23, 187

〈Y〉

Yaniv, I.·······································70
Yin, R.K.···································117, 118
Yzerbyt, V.Y.·······························22, 68

〈Z〉

Zeiger, J.S.····································70

〈あ〉

青島矢一···································54
新井一郎·······························55, 188
猪木武徳·······························54, 99, 182
碓井真央···································61
内田恭彦···································57
王英燕···································40
大石千歳···································22
大内章子·······························56, 57
小川憲彦··································142
奥村惠一···································40

〈か〉

柿本敏克···································17
笠井恵美···································57
木内宏·······························56, 57
金倫廷···································32
清成透子···································68
小池和男···························53, 54, 99, 182
高口央···································67

〈さ〉

坂田桐子·····················16, 67
佐藤郁哉·····················32, 118
佐藤秀典·····················32
澤村明·····················55, 188
産労総合研究所·············56, 186, 187
神信人···············68, 70, 121, 183
杉浦正和·····················121
鈴木竜太·····················57

〈た〉

高巖·····················40
高尾義明·····················16, 40
高田朝子·····················56
高村勘·····················85
田端拓哉·····················37
冨山和彦·····················190

〈な〉

縄田健悟·····················46

〈は〉

芳賀学·····················32

服部泰宏·····················66, 99
林祥平·····················32
原琴乃·····················55
平野光俊·····················57
藤本光平·····················67
淵上克義·····················16

〈ま〉

松繁寿和·····················55, 57
水野暢子·····················64
守島基博·····················56

〈や〉

八代充史·············53, 56, 66, 72
山岸俊男·····················68, 70
山口裕幸·····················46
山田真茂留·····················32
山本寛·····················55, 182
吉田富士雄·····················22

〈わ〉

若林満·····················59

事項索引

〈あ〉

アイデンティティ間コンフリクト················74
アイデンティティコンフリクト·······73, 121, 158
アイデンティティ内コンフリクト················74
一体感······························7, 121, 180
逸脱者··22
イデオグラフィック組織························30
異動間隔···························54, 99, 177
異動の幅······································54
入れ子構造アイデンティティ···········38, 42, 45
インタビュイー·······························117
横断的アイデンティティ························38
OJT··54

〈か〉

外集団····································16, 65
学習·····································56, 177
環境からの圧力···························153, 173
関係的な同一化································24
間主観的な要素（間主観）·················33, 36
企業合併······································44
企業の意図····························77, 169, 180
記述的な推論·································161
帰属意識·································3, 147
技能形成······································56
規範的な側面·························31, 128, 129
キャリア・モチベーション····················60
共通内集団アイデンティティモデル·········50,
65
共有的認知····································68
組合員活動····································84
グラウンデッド・セオリー・アプローチ···117
グループシンク································23
経営理念····························39, 40, 77, 162
顕現性····················17, 46, 49, 76, 155, 178
現場··84
交渉··62
高次欲求······································19
功利的な側面·························31, 128, 129
個人的アイデンティティ·················1, 6, 48
個人的自尊心························63, 64, 66

コスモポリタン·······························41

〈さ〉

再解釈·································141, 161, 168
差異化欲求····································48
最小条件集団パラダイム····················16, 68
最適弁別性理論································48
CI··125
自己概念··································7, 61
自己カテゴリー化理論·······················16, 17
自己決定感····································60
自己高揚動機·······························21, 64
自己証明行動······························61, 121
自己証明戦略·······························62, 71
仕事関連のアイデンティティ········42, 73, 75
仕事モチベーション·······················57, 58
自尊心·································19, 21, 63
社会化·······························33, 55, 164
社会的アイデンティティ··········6, 47, 48, 62
社会的アイデンティティアプローチ··········16
社会的アイデンティティ理論················16
社会的カテゴリー化····························21
社会的投射····································70
社会的ネットワーク····························54
社会的比較····································20
集団間差別····································16
集団凝集性····································23
集団的自尊心··································63
主観的な重要性································47
主観的な要素（主観）·················33, 36
準拠集団·································41, 167
状況の関連性··································47
状況的な同一化································24
昇進·······························18, 53, 55, 66
情緒的なサポート·····························71
消費生活協同組合······························83
職業的アイデンティティ····················37, 39
職務環境····································119
人材育成施策··································58
人事異動·································53, 72
深層構造同一化································24
信頼性··86

スキル……………………………54
スプリッティング………………171
接遇………………………………131
戦略………………………………29
創造性向上………………………26
相対的接近可能性………………46
ソーシャルサポート……………71
組織アイデンティティ……6, 15, 27, 28, 30, 121
組織アイデンティティの理想………29, 162
組織イメージ……………………28
組織コミットメント…………15, 16, 58
組織的同一化………14, 15, 70, 121, 180

〈た〉

ダイバーシティマネジメント………………2
多重アイデンティティ………37, 40, 171
脱同一化…………………………24
タテの異動………………………53
知的熟練論………………………53
中核的要素（アイデンティティの中核，中核）
…………………………33, 34, 36, 71, 141
低次欲求…………………………19
適合性……………………………46
天井効果…………………………86
店舗開発…………………………130
同化欲求…………………………48
道具的なサポート………………71

〈な〉

内集団……………………16, 20, 65
内集団バイアス……………16, 68
内部告発…………………………26
認知的合意………………………69

〈は〉

バイヤー…………………………130
派遣社員…………………………43

パターン適合……………………117
パワー……………………………62
非同一化…………………………25
非連続異動………57, 66, 87, 98, 133
部門次元の異動…………………165
ブルーカラー……………………53
フロア効果………………………86
プロトタイプ性…………43, 62, 67
文化…………………………22, 77
偏見……………………………46, 65
ホログラフィック組織…………30
ホワイトカラー…………………54
本部………………………………84

〈ま〉

マクロ次元の異動…………165, 166
マネジメント人材………………56
名声………………………………21
メタファー………………………32

〈や〉

役割…………………………24, 158
役割アイデンティティ……26, 113
役割コンフリクト…………74, 158
ヨコの異動………………………53

〈ら〉

リアリティ・ショック…………142
リーダーシップ…………………67
離職意思…………………………25
理念研修……………………84, 124
両価性………………………26, 171
両価的同一化………25, 26, 27, 171, 172
連続異動……………66, 87, 98, 133
ローカル…………………………41

〈わ〉

ワーク・ライフ・バランス……56

■著者紹介

林　祥平（はやし　しょうへい）

1984 年　小樽に生まれる
2008 年　武蔵工業大学環境情報学部卒業
2010 年　一橋大学商学研究科経営学修士コース修了
2012 年　神戸大学大学院経営学研究科博士前期課程修了
2015 年　神戸大学大学院経営学研究科博士後期課程修了
　　　　博士（経営学）取得
同　年　明治学院大学経済学部経営学科専任講師

受　賞　：日本労務学会賞（研究奨励賞）2015 年

専門分野：組織行動論，経営組織論
主要論文：「異動経験が従業員の組織的同一化に与える影響」『組織科学』
　　　　　　Vol. 50, No.3, 2017
　　　　　"Complexity of Organizational Identification: Measuring
　　　　　　Ambivalent Identification," *International Business Research*,
　　　　　　Vol.7, No.1, 2014

■一体感のマネジメント──人事異動のダイナミズム　　　　〈検印省略〉

■発行日── 2018年 2 月26日　初 版 発 行

■著　者── 林　　祥平

■発行者── 大矢栄一郎

■発行所── 株式会社 白桃書房
　　　　　　〒101-0021　東京都千代田区外神田5-1-15
　　　　　　☎03-3836-4780　📠03-3836-9370　振替00100-4-20192
　　　　　　http://www.hakutou.co.jp/

■印刷・製本── 平文社

Ⓒ Shohei Hayashi 2018　Printed in Japan
ISBN978-4-561-26704-1 C3034
本書のコピー，スキャン，デジタル化等の無断複製は著作権法上での例外を除き
禁じられています。本書を代行業者等の第三者に依頼してスキャンやデジタル化する
ことは，たとえ個人や家庭内の利用であっても著作権法上認められておりません。

JCOPY 〈㈳出版者著作権管理機構委託出版物〉
本書の無断複写は著作権法上での例外を除き禁じられています。複写される場合
は，そのつど事前に，㈳出版者著作権管理機構（電話03-3513-6969、FAX03-
3513-6979，e-mail：info@jcopy.or.jp）の許諾を得てください。
落丁本・乱丁本はおとりかえいたします。

好評書

日本のキャリア研究
―組織人のキャリア・ダイナミクス
金井壽宏・鈴木竜太編著

多様化が進む日本人のキャリア。本書では組織人のキャリアに注目し，時間軸の視点を取り入れながらその課題や学び，組織や上司との関係等を論じる。

本体価格 3800 円

日本のキャリア研究
―専門技能とキャリア・デザイン
金井壽宏・鈴木竜太編著

看護師，船舶職員，企業内研究者など，専門技能を軸にした職業人のキャリアの現状を分析。組織の中で，フリーランスで，その独特のキャリア形成を論じる。

本体価格 3500 円

人的資源マネジメント
―「意識化」による組織能力の向上
古川久敬編著　柳澤さおり・池田浩著

経営活動に貢献する人的資源マネジメントとは，「意識化」の度合いを高めることで実現する。その理論的根拠と実践的示唆を組織心理学の観点から提示。

本体価格 3300 円

戦略的人的資源管理論
―人事施策評価へのアプローチ
松山一紀著

人事施策の戦略的な企画立案，人事施策の経営戦略への貢献について評価する方法を探究。実務にも大いに参考になる示唆を含む1冊。

本体価格 2750 円

白桃書房

本広告の価格は税抜き価格です。別途消費税がかかります。